TIMOTHY LEARY
EXO-PSYCHOLOGIE

**TIMOTHY LEARY
EXO-PSYCHOLOGIE**

**HANDBUCH FÜR DEN GEBRAUCH DES
MENSCHLICHEN NERVENSYSTEMS
GEMÄSS DEN ANWEISUNGEN DER HERSTELLER**

SPHINX VERLAG BASEL

Aus dem Amerikanischen übertragen
von René Taschner

CIP-Kurztitelaufnahme der Deutschen Bibliothek
Leary, Timothy:
Exo-Psychologie: Handbuch für d. Gebrauch d. menschl. Nervensystems
gemäss d. Anweisungen d. Hersteller / Timothy Leary
[Aus d. Amerikan. übertr. von René Taschner]. – Basel: Sphinx-Verlag, 1981.
Einheitssacht.: Exo-psychology (dt.)
ISBN 3-85914-502-9

1981
© 1981 Sphinx Verlag Basel
Alle deutschen Rechte vorbehalten
© 1977 Timothy Leary
Originaltitel: Exo-Psychology
Starseed/Peace Press Inc.
Culver City, California, USA
Umschlaggestaltung: Thomas Bertschi
Gesamtherstellung: Rombach + Co, Freiburg i. Br.
Printed in Germany
ISBN 3-85914-502-9

»Dies soll kein Buch mit den Memoiren meines eigenen Lebens werden. Ich werde deshalb die wahrhaft lustigen Einzelheiten meiner Gefangenschaft – die wie keine andere verlief – nicht erzählen. In jener Nacht gaben die SMERSH-Offiziere ihre letzte Hoffnung auf, herauszufinden, wo sich unser Standort auf der Landkarte befand. Sie waren so oder so nie fähig gewesen, Karten zu lesen. Sie gaben mir deshalb höflich die Landkarte und baten mich, dem Fahrer den Weg zum zentralen Nachrichtenamt im Militärhauptquartier zu erklären. Ich führte sie deshalb – mich inbegriffen – zu diesem Gefängnis, und aus Dankbarkeit setzten sie mich nicht in eine gewöhnliche Zelle, sondern sogleich in eine Arrestzelle.«

Alexander Solschenizyn

»Wir haben das grossartigste System der Welt; wir müssen nur einen Weg finden, um es zum Funktionieren zu bringen.«

Nelson Rockefeller

Der Zweck des »Lebens« ist
S.M.I.²L.E.
Space **M**igration (Auswanderung ins All)
Intelligence **I**ncrease (Intelligenz-Steigerung)
Life **E**xtension (Lebens-Verlängerung)

Da
Niemand es dem Spiel zugestehen kann
Grösser zu werden
Als SiEr es sich vorgestellt hat
   (was nicht geprägt ist,
   ist für das Primaten-Gehirn
   nicht Realität)
Definieren wir somit
das Spiel
so weiträumig
   schnell
   leidenschaftlich
   genau
als möglich . . . .
Unbegrenzter Raum
Unbegrenzte Zeit
und
Unbegrenzte Intelligenz um sich dessen zu erfreuen
S.M.I.^{2}L.E.

Dieses Buch ist Evolutions-Agenten gewidmet,
die sich auf diesem Planeten oder anderswo befinden.

Inhalt

Teil I

Evolution, Aufbau und Funktion des Nervensystems

1 Exo-Psychologie ist die wissenschaftliche Untersuchung der Evolution des Nervensystems in seinen larvalen und ausserirdischen Entwicklungsstufen

2 Exo-Psychologie (Psy-Phy) ist die Psychologie der Astrophysik

3 Das Leben entfaltet sich in acht Mutationsphasen – vier larvale und vier ausserirdische

4 Das menschliche Nervensystem umfasst acht Schaltkreise

5 Das Periodensystem der Energie unterscheidet vierundzwanzig Evolutionsstufen; zwölf irdische und zwölf ausserirdische

6 Dieses Buch übermittelt eine Philosophie der interstellaren Evolution

7 Eine bioneurale Kosmologie: Zelluläres Leben ist ausserirdischen Ursprungs und hat ein galaktisches Ziel

8 Neuromuskuläre Politik: Die acht Freiheiten und die acht territorialen Einschränkungen

9 Eine neurologische Erkenntnistheorie: Wahrheit ist subjektiv, die Tatsache ist sozial

10 Eine neurogenetische häusliche Ethik: Gut ist subjektiv, Tugend ist sozial

11 Eine neurosomatische Ästhetik: Schönheit ist natürlich, Kunst ist sozial

12 Eine neurophysische Ontologie: Es gibt acht neuroanatomische Stufen der Wirklichkeit

13 Eine neurogenetische Teleologie: Menschliches Leben kann unbegrenzt verlängert werden

14 Eine neuroatomare Eschatologie: Biologie entwickelt sich zur nuklearen Bewusstseinsintelligenz

15 Neuraler Chauvinismus: Jeder Körper besitzt eine von ihm bevorzugte Form der Realität

16 Die Prägung stellt eine Einzelbelichtung des neuralen Films dar, welche die Wirklichkeit bestimmt und beschränkt

17 Prägungen können nur biochemisch verändert werden

18 Die Konditionierung verbindet (biochemisch) einen neuen Stimulus mit einer Prägung

19 Die handlungsbezogene Konditionierung verbindet das Verhalten mit geprägter Belohnung/Bestrafung

20 Das Konditionieren kann eine geprägte »Wirklichkeit« nicht ändern

21 Eine auf konditioniertes Verhalten beruhende Gesellschaft muss auf ununterbrochene Kontrolle und Geheimhaltung bauen

22 Die Prägung schränkt die Wirklichkeit gegenüber der lokalen Umgebung ein

23 Der intelligenteste Gebrauch des Nervensystems besteht in der Prägung des genetischen Code

24 Die Evolution hat einige Vertreter der menschlichen Spezies dazu bestimmt, als bewusste Genetik-Agenten zu handeln

25 Dem menschlichen Genpool wird eine breite Palette nach-menschlicher Spezies entspriessen

26 Der/die Nach-Larvale muss beim Kommunizieren mit Larvalen vorsichtig sein

27 Der/die Nach-Irdische muss auch beim Kommunizieren mit unreifen Nach-Larvalen vorsichtig sein

28 Denk Dir dieses Buch als einen astroneurologischen Text

Teil II

Das Periodensystem der Energie unterscheidet vierundzwanzig Stufen der neurologischen Evolution: Zwölf irdische und zwölf ausserirdische

Zeitabschnitt (Schaltkreise des Nervensystems)	Stufen des Nervensystems
1. Vegetativ-wirbelloser Schaltkreis (viszerotonisch)	1. Bio-Überlebens-Empfänglichkeit 2. Bio-Überlebens-Intelligenz 3. Bio-Überlebens-Fusionssynergismus
2. Erregungs/Fortbewegungs-Schaltkreis (muskulotonisch)	4. Neuromuskuläre Empfänglichkeit 5. Neuromuskuläre Intelligenz 6. Neuromuskulärer Fusionssynergismus
3. Laryngo-manueller Symbol-Schaltkreis (zerebrotonisch)	7. Laryngo-manuelle (L.M.) Symbol-Empfänglichkeit 8. Laryngo-manuelle (L.M.) Symbol-Intelligenz 9. Laryngo-manueller (L.M.) Symbol-Fusionssynergismus
4. Sozio-sexueller Domestikations-Schaltkreis (generotonisch)	10. Sozio-sexuelle Empfänglichkeit 11. Sozio-sexuelle Domestikation 12. Sozio-sexuelle Kollektivität
5. Neurosomatischer Schaltkreis (Körperbewusstsein)	13. Neurosomatische Empfänglichkeit 14. Neurosomatische Intelligenz 15. Neurosomatischer Fusionssynergismus
6. Neuroelektrischer Schaltkreis (Gehirn-Überwachung)	16. Neuroelektrische Empfänglichkeit 17. Neuroelektrische Intelligenz 18. Neuroelektrischer Fusionssynergismus
7. Neurogenetischer Schaltkreis (DNS-Bewusstsein)	19. Neurogenetische Empfänglichkeit 20. Neurogenetische Intelligenz 21. Neurogenetischer Fusionssynergismus
8. Neuroatomarer, metaphysiologischer Schaltkreis	22. Neuroatomare Empfänglichkeit 23. Neuroatomare Intelligenz 24. Neuroatomarer Fusionssynergismus

Vorwort

Unter Mitwirkung des menschlichen Nervensystems hat das Leben auf der Erde mit der Auswanderung vom Mutterplaneten begonnen; es will im Weltraum Kolonien errichten, die ihm den Kontakt und die Kommunikation mit Lebewesen in der Galaxis erleichtern.

Raketengetriebene Raumschiffe haben die nötige Startgeschwindigkeit erreicht, um ausserhalb der gravitationsbedingten Anziehungskraft des Mutterplaneten zu gelangen.

Radioteleskope sind auf die Sterne gerichtet, bereit zum Empfang elektromagnetischer Botschaften intelligenter Nachbarn.

Elektronische Signale verbreiten über den interstellaren Raum die Botschaft von der Bereitschaft zu Aus-tausch und Komm-unikation.

In unseren Minds, unseren Neuronen und Zellen sind wir uns bewusst, dass wir – im Begriff, diesen kleinen Satelliten eines peripheren Stern zu verlassen – weder allein noch einzigartig sind.

Noch zu Lebzeiten vieler, welche diese Zeilen lesen, wird es geschehen: unsere Pionierfamilien werden das Sonnensystem verlassen, interstellare Botschaften werden empfangen, man wird Kontakte aufnehmen. Der galaktische Meinungsaustausch wird beginnen.

Es ist an der Zeit, sich auf das Leben im Weltraum vorzubereiten.

Es ist an der Zeit, eine Philosophie, eine Psychologie, eine Sprache und den kühnen Verstand zu entwickeln, die uns befähigen, unseren interstellaren Nachbarn zuzuhören, sie zu verstehen und ihnen vernünftige Antworten zu geben.

Die bedeutendste und spannendste Herausforderung an den Menschen besteht in der eigenen neurologischen Vorbereitung auf das Treffen mit den Einsteinschen »Relativen«, mit denen wir die Galaxis teilen. Die höchsten Prioritäten – intellektueller, sozialer, ökonomischer Art – sollten auf ausserirdische Kommunikation und Auswanderung ausgerichtet werden.

Einige unter uns werden den Einspruch erheben, dass die menschliche Intelligenz und Erfindungskraft zur Lösung der desolaten irdischen Güterverteilungsprobleme eingesetzt werden sollten.

Diese larvalen Proteste sind – so aufrichtig sie auch sein mögen – historisch falsch und genetisch nutzlos.

Die Ursache des Leidens und des Mangels, wie sie heute die Menschheit bedrohen, ist nicht materialistischer Art. Sie ist neuropolitischer Natur. Zeigt die gegenwärtige Malaise der wohlhabenden Nationen nicht deutlich, dass materielle Belohnungen in gewisser Weise nicht genügen?

Die Krise, der sich die menschliche Rasse heute gegenüber sieht, ist als spirituell, psychologisch und philosophisch gedeutet worden. Sie wird am besten als Navigations-Krise bezeichnet; die Menschheit hat die Karte, den Kompass und den Reiseführer verloren – sie hat den genetischen Code verlegt.

Von unten her gibt es nur einen Weg: Hinauf!

Männer und Frauen, die wissen, woher sie kommen und wohin sie gehen, die eine gemeinsame, über das Lokal-Irdische hinausgehende Vision teilen, werden sich schnell einem Lernprozess anpassen, wirksam arbeiten, natürlich aufwachsen, sich liebevoll sozialisieren und anmutig entfalten. Dies alles aufgrund des genetischen Gesetzes der geringsten Anstrengung.

Es trifft vielleicht zu, dass beide – Spezies und Individuum – in gelassener Dummheit dahintreiben, ehe sie auf eine evolutionäre Herausforderung stossen; an diesem Punkt angelangt, werden sowohl die Spezies als auch das Individuum sehr viel gewitzter und schneller.

Der Zweite Weltkrieg bietet ein interessantes Beispiel für diese genetische Beschleunigung. Die Grundprinzipien der Atomstruktur, des Raketenantriebs, der psychedelischen Neuro-Beschleunigung und des Radars waren seit Jahrzehnten bekannt gewesen. Aber unter dem heilsamen Druck technologischen Zwangs sind die amerikanischen und die deutschen Forschungsgemeinschaften dann schnell munter geworden.

Wenn die Menschheit im Hinblick auf die ausserirdische Auswanderung zu arbeiten beginnt, wird der Wettstreit um die Materialbeschaffung allmählich nachlassen, da im ausserirdischen Sonnensystem unbegrenzter Raum, unbegrenzte Energie und unbegrenzte Hilfsmittel warten.

Die Auswanderung ist die klassische Lösung der Natur, um den Problemen von Überbevölkerung, Lebensmittelknappheit und Konkurrenzkampf zu begegnen.

Die Entwicklung von Exo-Psychologien, wissenschaftlichen Philosophien ausserirdischer Neurogenetik bildet den Schlüssel zur Schaffung einer globalen Zusammenarbeit zwischen den Spezies.

Dieses Buch, der einfache Versuch, eine galaktische Perspektive biologischer Evolution auf diesem Planeten – und von demselben ausgehend – aufzuzeigen, bringt Hunderte neogenetischer Gedanken, für welche die menschliche Spezies nun bereit ist. Die Mitteilung präsentiert sich in Gestalt larvaler, muskulär-symbolischer (laryngo-manueller) Einheiten, obwohl die diskutierten Themen nach-larval, elektromagnetisch und quantenmechanisch sind. Der/die Leser(in) sollte deshalb darauf gefasst sein, dass sein/ihr konditioniertes Symbolsystem von unerwarteten und neuartigen Symbolverbindungen durchgerüttelt wird. Genau diese Situation wird sich einstellen, sobald wir in Weltraumkolonien zu leben beginnen und die höhere Intelligenz mit einer Spezies domestizierter Primaten, wie sie die menschliche Rasse darstellt, zu kommunizieren beginnt.

Ein Mensch des zwanzigsten Jahrhunderts würde es als äusserst schwieriges und heikles Unterfangen empfinden, müsste er einem Durchschnittsmenschen des neunzehnten Jahrhunderts das »Heute« erklären. Der aufgeklärte Leser kann das Verärgertwerden durch gewisse in diesem Buch enthaltene Metaphern verhindern, indem er die kulturelle Zeitverzögerung im Auge behält.

Etwas guter Wille und Offenheit gegenüber der Zukunft sind bei derartigen Dialogen zwischen den Spezies nötig.

Das Bedeutende an diesem ausserplanetarischen Führer ist die Tatsache, dass es dieses Buch gibt. Hier liegt der erste Versuch vor, die Menschheit auf die Reise nach »draussen« vorzubereiten, auf die ausserirdische Verbindung, auf die ausserirdische Auswanderung.

Andere und anspruchsvollere Exo-Psychologien werden folgen. Gibt es etwas Interessanteres oder Lebendigeres, als die Zukunft zu erschaffen?

Dieser erste Versuch ist mit Bedacht zusammengestellt und übertragbar – er verbindet das Religiös-Okkulte mit der Wissenschaft, das Weltliche mit dem Künftigen, die Legenden der Vergangenheit mit den Grundlagen von heute.

Wir haben acht Perioden und vierundzwanzig Stufen der neurologischen Evolution bestimmt, um ein didaktisches Mittel zur Vorhersage, Bezeichnung, Ordnung, Personifizierung und Familiarisierung der gewaltigen, nach-symbolischen, meta-persönlichen, nach-Newtonschen Energiefelder zu besitzen, die geprägt werden müssen.

Die erläuternden Metaphern sind ohne Bedeutung. Entscheidend für eine der Menschheit geziemende Mutation ist das Verständnis und die persönliche Anwendung Einsteinscher, neurogenetischer, astrophysikalischer Perspektiven in bezug auf unser Sein und unser Ziel.

Teil I

Evolution, Aufbau und Funktion des Nervensystems

Exo-Psychologie

Die Grundsätze interstellarer Neurogenetik,
mit deren Hilfe die Evolution der vier larval-irdischen
und der vier nach-irdischen Stufen
der Bewusstseinsintelligenz aufgezeigt wird

1. Exo-Psychologie ist die Wissenschaft, welche die Evolution des Nervensystems in dessen larvalen und nach-irdischen Entwicklungsstufen erforscht.

Zur selben Zeit, als die Psychologie zu einer Ersatzreligion des Pop-Kults wurde, brachten die Wissenschaften der Chemie, Physik und Biologie in aller Stille Theorien und wiederholbare Fakten hervor, die für das Verständnis der menschlichen Natur von inhaltsschwerer Bedeutung sind.

Während die früheste, anfängerhafte Vor-Einsteinsche Psychologie (1850-1975) den Anspruch erhob, das Denken, das Bewusstsein und das Verhalten zu ermessen, erforschte sie zumeist Anpassung und Missverhältnis des Menschen in bezug auf gesellschaftliche Rituale und kulturell bestimmte Symbolsysteme. Zu einer Zeit in Erscheinung tretend, als die herkömmliche Theologie für die zunehmende Klasse der Halbgebildeten an Bedeutung verlor, vermittelte die Psychologie eine ermutigende Zähmungsgrundlage, eine wohltuende pseudowissenschaftliche Sprache, um die Werte des Mittelstandes zu unterstützen.

Ungeachtet ihrer gewaltigen, staatlich unterstützten Bürokratie und ihrer Priesterschaftsmystik hat die ursprüngliche Psychologie weder eine beweisbare Theorie zur Erklärung menschlichen Verhaltens noch irgendeine Methode zur Lösung der klassischen Probleme der menschlichen Gesellschaft hervorgebracht; zu den letzteren gehören Verbrechen, Konflikte, Verfremdung, Vorurteil, Dummheit, Langeweile, Aggressionsgefühle, Unglück und philosophische Ignoranz gegenüber dem Sinn des Lebens.

Zur selben Zeit, als die Psychologie zu einer Ersatzreligion des Pop-Kults wurde, brachten die Wissenschaften der Chemie, Physik und Biologie in aller Stille Theorien und wiederholbare Fakten hervor, die für das Verständnis der menschlichen Natur von inhaltsschwerer Bedeutung sind.

Die **Neurologie** weist dem Quell von Bewusstsein, Erinnerung, Lernen und Verhalten seinen Sitz im Nervensystem zu; ein dreissig Milliarden Zellen umfassender Bio-Computer, dem der menschliche Körper als Transportroboter dient.

Klar, falls wir unsere geistigen, unsere Gefühls- und verhaltensbedingten Funktionen verstehen und verbessern wollen, so ist der zu untersuchende Ort das Nervensystem. Ein Mensch, der die aufnahmefähigen, ergänzenden und weiterleitenden Schaltkreise des Nervensystems wählen und genau einstellen kann, ist nicht nur intelligenter, sondern man darf von ihm sagen, dass er auf einer höheren und komplexeren Entwicklungsebene handelt.

In bezug auf die Diskussion oder das Einmischen gegenüber dem Nervensystem halten vor-wissenschaftliche Menschen an einem starren Tabu fest – eine krankhafte Furcht, die auf einer primitiven Angst vor dem Unbekannten und auf einem abergläubischen Widerstreben vor dem Erfahren um die Dinge beruht. Es ist heute klar ersichtlich, dass das Nervensystem ein unglaublich kraftvolles Instrument zur bewussten Evolution darstellt, das für genetische Aufgaben erkannt und eingesetzt werden kann.

Die **Ethologie,** in deren Rahmen das Verhalten der Tiere im natürlichen und experimentellen Lebensraum erforscht wird, hat die roboterhaft-instinktive Natur neuraler Urteilskraft ebenso aufgezeigt wie die Rolle des **Prägens** beim Entscheid, wann und gegenüber wem oder was tierisches Verhalten »entsteht«.

Die Psychologen haben die von der Ethologie erbrachten Resultate auf die Situation des Menschen zu übertragen versäumt. Die Tatsache, dass das emotionelle, geistige, sexuelle und

Wir brauchen über die schmeichelhafte Selbstwürdigung des »Menschen« nicht erstaunt zu sein. Seitdem die von uns bewohnten »Inselrealitäten« von genetischen Schablonen und ebensolchem Gepräge umrissen werden, können wir uns nur im Rahmen jener Symbole bewerten, die unsere Nervensysteme hervorgebracht haben.

ethische Verhalten des Menschen auf einer zufälligen Prägung des Nervensystems im Verlauf »kritischer« oder »sensitiver« Entwicklungsperioden beruht, ist gegenüber einem Anspruch auf freien Willen und bewusste Wahl offenbar allzu verheerend.

Die **Neurochemie** hat kürzlich entdeckt, dass Neurotransmitter, welche Nervenimpulse und synoptische Verbindungen erleichtern/hemmen, sowohl Bewusstsein und Gefühl als auch Erinnerung, Lernen und Verhalten bestimmen.

Zur selben Zeit hat die **Psychopharmakologie** pflanzliche und synthetische psychoaktive Wirkstoffe entdeckt, die Bewusstseinszustände erleichtern/hemmen und geistige Funktionen beschleunigen oder bremsen.

Diese Einsteinschen Entdeckungen haben voraussagbar jene Psychologen traumatisiert, welche sich in bezug auf die menschliche Persönlichkeit sowohl beruflich als auch theologisch an ruhende Newtonsche Konzepte gehalten haben.

Die genannten vier Wissenschaften stellen eine eindrückliche Übereinstimmung von Beweismaterial, das darauf schliessen lässt, dass das Gehirn ein biochemisch-elektrischer Computer ist, bei dem jeder Nervenimpuls als Informations-Quant oder Bit funktioniert; ferner weist diese Konstellation darauf hin, dass das Nervensystem strukturell mit genetisch vorprogrammierten Schaltkreisen verbunden ist, die dazu bestimmt sind, gewisse wahrnehmbare Stichworte automatisch auszuwählen und zu übertragen sowie gewohnheitsmässige Reaktionen auszulösen. Ein weiterer Punkt ist in diesem Zusammenhang die Feststellung, **dass** die von den Menschen bewohnten **Tunnel-Realitäten durch die Prägung von in kritischen Zeitabschnitten zufällig in der Umgebung vorhandenen Modellen bestimmt werden.**

Wir gelangen somit zur Schlussfolgerung, dass der Mensch zu diesem Zeitpunkt der Entwicklung ein biologischer Roboter ist, der automatisch auf genetische Schablonen und Kindheitsprägungen antwortet.

Das unschmeichelhafte Porträt des **Homo sapiens,** wie es von diesen vier »neuen« Wissenschaften – Neurologie, Ethologie, Neurochemie und Psychopharmakologie – dargelegt wird, ist für Psychologen und religiöse Führer natürlich inakzeptabel, stellen diese doch Theorien über den gesonderten, überlegenen und »ausgewählten« Status des Menschen innerhalb der verschiedenen Lebensformen auf.

Wir brauchen über die schmeichelhafte Selbstwürdigung des »Menschen« nicht erstaunt zu sein. Seitdem die von uns bewohnten »Inselrealitäten« von genetischen Schablonen und ebensolchem Gepräge umrissen werden, können wir uns nur im Rahmen jener Symbole bewerten, die unsere Nervensysteme hervorgebracht haben.

Wenn wir uns einen von ausserirdischen Wissenschaftlern einer fortgeschritteneren Zivilisation verfassten anthropologischen Bericht vorstellen können, so dürfen wir annehmen, dass das Unvermögen der Menschheit, ihre psychologischen, gesellschaftlichen und ökologischen Probleme zu lösen oder Antworten auf kosmologische Grundfragen zu finden (z. B. Warum sind wir hier und wohin gehen wir?), zur Schlussfolgerung führen würde, dass der **Homo sapiens** eine in ihren Fähigkeiten auf sehr roboterhafte Reaktionen beschränkte Spezies darstelle und dass sich von Intelligenz geprägtes Leben auf diesem Planeten noch nicht entfaltet habe.

Es besteht kein Zweifel, dass die Menschheit zur interplanetaren und möglicherweise interstellaren Existenz aufgebrochen ist. Die Wirkungen dieses Übergangs auf das Nervensystem und den DNS-Code werden sehr tiefgreifend sein. So wie die amphibischen und festlandbewohnenden Organismen rasch mutiert und entsprechende neurale und physiologische Voraussetzungen für ihre neue Umgebung entwickelt haben, so werden auch die weltraumreisenden Menschen rasche Mutationen durchlaufen.

Ein derartiges ausserirdisches Gutachten könnte auch das Zutagetreten einer rudimentären Intelligenz aufzeigen, wie sie – vom Einsteinschen Blickwinkel aus betrachtet – für die vier oben diskutierten Wissenschaften bezeugt werden könnte. Dazu gehört auch das brisante Involviertsein vier weiterer Wissenschaften, die für die Zukunft der Menschheit von Bedeutung sind:

        Astronautik
        Astrophysik
        Genetik
        Nuklearphysik

Astronautik: Die Bedeutung ausserirdischer Flüge ist noch nicht vollständig erfasst worden. Die Apollo-Missionen waren mehr als technische Triumphe oder nationalistische Leistungen. Genetisch und neurologisch hat eine Mutation der Spezies begonnen, die in ihrer Bedeutung dem ersten Vorrücken der Amphibien auf das Festland im Verlauf der frühen Naturgeschichte gleichzusetzen ist.

Es besteht kein Zweifel, dass die Menschheit zur interplanetarischen und möglicherweise interstellaren Existenz aufgebrochen ist. Die Wirkungen dieses Übergangs auf das Nervensystem und den DNS-Code werden sehr tiefgreifend sein. So wie die amphibischen und festlandbewohnenden Organismen rasch mutierten und entsprechend neurale und physiologische Voraussetzungen für ihre neue Umgebung entwickelt haben, so werden auch die weltraumreisenden Menschen rasche Mutationen durchlaufen.

Das Ausgesetztsein gegenüber der Null-Gravitation und ausserirdischen Strahlungsenergie sind zwei von zahlreichen physikalischen Stimulanzien, welche die zur Anpassung an das interstellare Leben notwendigen genetischen und neurologischen Veränderungen auslösen werden.

Die psychologischen Wirkungen werden dramatisch sein. Das Vordringen ins All erfordert die beschleunigte, relativistische, multidimensionale Flexibilität, zu der das Nervensystem fähig ist. Es ist unvermeidlich, dass ausserplanetarische Menschen den heutigen Erdbewohnern so weit voraus sein werden, wie es der jetzige »Mensch« seinen höhlenbewohnenden Vorfahren gegenüber ist. Die Anfangsgründe dieses exo-psychologischen Anbahnungsprozesses können bei verschiedenen Mondastronauten und E.V.A.-Veteranen beobachtet werden, die nach ihrer Rückkehr aus dem All von kosmischen Einblicken (Mitchell), philosophischen Offenbarungen (Schweickart) und Wiedergeburtssymptomen (Aldrin) sprachen.

Der DNS-Code umfasst die Anlagen – im Sinne potentieller Möglichkeiten – von Vergangenheit und Zukunft. Die DNS der Raupe enthält den Entwurf für den Aufbau und die Funktion des Schmetterlingskörpers.

Die **Astrophysik** hat ebenfalls Fakten hervorgebracht, welche die Grenzen des psychologischen Vorstellungsvermögens erweitern. Wir lernen zu unserer Freude, dass wir nicht alleine sind – dass möglicherweise mehr als die Hälfte der hundert Milliarden Sterne unserer Galaxis älter sind als unsere Sonne; so betrachtet ist es höchst wahrscheinlich, dass sich in unserer Nachbarschaft fortschrittlichere Formen intelligenten Lebens finden. Die Menschen sind bis anhin neurologisch unfähig gewesen, sich von höherer Intelligenz eine Vorstellung zu machen. Selbst Science Fiction-Autoren – mit einigen wenigen Ausnahmen wie Stapledon, Asimov, Clarke – konnten ausser technischen Mutmassungen und bizarren Auswüchsen unserer gegenwärtigen Kultur im einzelnen keine Erscheinungsformen höherer Spezies nennen.

Was immer der menschliche Geist erfassen kann, trachtet er kreativ zu verarbeiten. Sobald die Menschen den Gedanken einer höheren Intelligenzstufe und bis anhin inaktivierter Schaltkreise des Nervensystems akzeptieren und sich neurologisch **prägen**, wird eine neue Evolutions-Philosophie zutage treten. Es ist natürlich, dass diese ausserplanetarische Sicht menschlicher Entwicklung **Exo-Psychologie** genannt wird; wobei die menschliche Natur in Zusammenhang mit einem sich entwickelnden Nervensystem steht, wie es sich von der vorteilhaften Stellung älterer, in unserer ausserirdischen Zukunft vorhandener Spezies aus gesehen darbietet.

Die **Genetik** hat offenbart, dass sich die im Kern jeder lebenden Zelle vorhandenen **DNS**-Anlagen von Spezies zu Spezies bemerkenswert ähnlich sind. Astronomen und Exo-Biologen haben jene Moleküle entdeckt, welche dem Leben im äusseren Weltraum und innerhalb anderer Sternensysteme zugrunde liegen.

Der **DNS**-Code kann nun wie ein provisorischer Entwurf sich folgerichtig entwickelnder, vorprogrammierter, via Bandspule übertragener Konstruktionspläne betrachtet werden. Dieser Code entfaltet sich beim einzelnen Individuum über vorausbestimmte Stufen im Verlauf von Kleinkindesalter, Kindheit, Pubertät, Reife, Menopause, Alter und Tod. Auf gleiche Weise entwickelt sich ein fester Zeitplan in der Evolution der Spezies.

Der **DNS**-Code umfasst die Anlagen – im Sinne potentieller Möglichkeiten – von Vergangenheit **und Zukunft**. Die DNS der Raupe enthält den Entwurf für den Aufbau und die Funktion des Schmetterlingskörpers.

Man weiss seit langem, dass sich in der individuellen Ontologie die Stammesgeschichte der Spezies wiederholt – dass beispielsweise der menschliche Embryo den Entwicklungszyklus rekapituliert; es wachsen ihm Kiemen, er ist mit Haaren bedeckt usw. Die psychoneuralen, zeitbezüglichen Folgen dieser Tatsache sind nie ernsthaft untersucht worden.*

Die Genetiker sind eben erst damit beschäftigt, »unbenutzte«, von **Histonen** maskierte, von nicht-historischen Proteinen aktivierte Abschnitte der **DNS** zu entdecken, von denen man

---

* Die Theorie der serienmässigen Prägung lässt darauf schliessen, dass die Psychologie die Stammesgeschichte rekapituliert, während das individuelle Nervensystem die einzelnen Entwicklungsstufen wiederholt. Der Säugling ist von einer wirbellosen Realität geprägt, das krabbelnde Kleinkind von der Realität des Säugers, das Kind im Vorschulalter von einer paläolithischen und der Erwachsene von einer domestizierten-zivilisierten Realität.

So wie der DNS-Code im Zellkern jenes genetische Gehirn verkörpert, das, via RNS, Körper und Nervensysteme plant und erzeugt, so können wir uns den Atomkern als das grundlegende »Gehirn« vorstellen, welches Atome und Moleküle entwirft und hervorbringt.

glaubt, dass sie die Anlagen für die Zukunft enthalten. Die Evolution ist nicht ein zufälliger, aus dem Stegreif verlaufender Prozess. Der **DNS**-Code stellt einen vorausschauenden Programmablauf dar, der entziffert werden kann.

So wie ein Ingenieur die Vorbereitungsdiagramme einer Selbstmontageanlage studieren und feststellen könnte, wie in einer Stufenfolge zukünftiger Arbeitsgänge ein Auto zusammengesetzt wird, so können die Histon-maskierten Abschnitte untersucht werden, um die Stufenfolge der bevorstehenden Evolution zu bestimmen. Die Hilfsmittel zur Dechiffrierung der **DNS**-Botschaft sind neurologischer und neurochemischer Art. Die Wissenschaft, welche sich mit der Zweiwegverbindung zwischen **DNS-RNS** und Nervensystem befasst, wird **Neurogenetik** genannt.

Astronomie und Astronautik überzeugen uns davon, dass interstellare Reisen zur Zukunft der Menschheit gehören. Ausserirdische Daseinsformen werden ein fortgeschrittenes, mutiertes Nervensystem miteinbeziehen und unvermeidlich Kontakt mit höherer Intelligenz zur Folge haben.* Dieses neue wissenschaftliche Verständnis in bezug auf das Los der Menschheit kann als **interstellare Neurogenetik** bezeichnet werden.

Neurogenetik ist eine neue Wissenschaft – mit einer respektablen Zeitschrift und Mitgliederbeiträgen –, die sich mit dem Studium der Psychologie – d. h. Bewusstsein und Verhalten – der **DNS-RNS** befasst. Neurogenetik kann als Ableger der Exo-Psychologie bezeichnet werden, falls wir annehmen, dass sich die **DNS-RNS** nicht nur auf den Planeten Erde beschränkt, sondern möglicherweise tatsächlich von ausserirdischer Intelligenz hervorgebracht wurde und dazu bestimmt ist, dorthin zurückzukehren.

Es wird einem klar, dass der Atomkern eine komplexe Organisation mächtiger Kräfte darstellt, die nach Beziehungsgesetzen (Begeisterung, Charme, gleiche Wellenlänge, Resonanz) funktionieren. So wie der **DNS**-Code im Zellkern jenes genetische Gehirn verkörpert, das, via **RNS**, Körper und Nervensysteme plant und erzeugt, so können wir uns den Atomkern als das grundlegende »Gehirn« vorstellen, welches der Quantenlogik entsprechende Atome und Moleküle entwirft und hervorbringt.

Nuklearphysik: Man glaubt heute, dass die gesamte im Universum vorhandene Materie und Energie im Sinne einer relativistischen Wechselwirkung zwischen den vier in der Natur vorhandenen Grundkräften funktionieren:

---

* Einige Astronomen behaupten nun, dass es in unserem Universum keine höhere Intelligenz gäbe, weil »sie« uns weder kontaktiert noch auf unsere Radiosignale geantwortet habe. Schlussfolgerungen dieser Art zeigen das negative Vorurteil der konventionellen Wissenschaft. Natürlich gibt es keinerlei wissenschaftliche Basis, um das Vorhandensein höherer Intelligenz geltend zu machen oder zu verneinen. Zeit-Erweiterungsfaktoren machen die Sache noch schwieriger; wenn ein Raumschiff annähernd mit Lichtgeschwindigkeit auf uns zustürzen würde, vergingen hier auf Erden für jedes »Reisejahr« des Raumschiffes Millionen von Jahren. Es ist keinerlei Basis für eine dogmatische Erklärung vorhanden.

Die Exo-Psychologie sieht das Geschick der Menschheit im Sinne eines sich entwickelnden Nervensystems, das von der DNS-Intelligenz (die im Rahmen eines interstellaren Auswanderungsprozesses mit dem Ziel einer vergrösserten Lebensspanne und eines erweiterten Lebensbereiches Planeten als temporäre Nistplätze benutzt) dazu bestimmt ist, symbiotische Sender/Empfänger einer astrophysikalischen Bewusstseinsintelligenz zu werden.

Schwerkraft
Elektromagnetische Kraft
Kernkraft (subatomar)
Schwache Kraft (auf Strahlenemission beruhend)

Die früheste Psychologie beruhte bestenfalls auf Newtonschen »Gesetzen« und war grösstenteils geozentrisch (im engeren Sinne ptolemäisch) orientiert. Selbst die poetischen Freudianer, Behavioristen und Transaktions-Analytiker haben es nicht zugelassen, dass ihre Theorien des menschlichen Verhaltens von der Einsteinschen Revolution – die unser Verständnis für die Struktur des Universums so dramatisch verändert hatte – beeinflusst wurden.

Neurophysik ist jene Wissenschaft, die soeben die »Psychologie« – d. h. Bewusstsein und Verhalten – von Atomteilchen zu untersuchen und Elektronik sowie Atome mit dem menschlichen Bewusstsein und Verhalten in Beziehung zu bringen beginnt. Der Physiker John Archibald Wheeler bringt in seinen Schriften die Möglichkeit zum Ausdruck, wonach der Atomkern mit ausserordentlich hoher Geschwindigkeit Informationen aufnehmen, sich ihrer erinnern, sie ergänzen und weitergeben könne; möglicherweise kann er sich an den meisten bei lebenden Organismen zu beobachtenden Grundlagen sozialen Verhaltens beteiligen.

Zwischenmenschliche, emotionelle (d. h. auf Beweggründe bezogene) intellektuelle und gesellschaftliche Angelegenheiten auf elektronischer Ebene und deren Übermittlung durch das Nervensystem sind Gegenstand der **Neuroelektronik.**

Zwischenmenschliches, emotionelles, intellektuelles und gesellschaftliches Geschehen auf subatomarer, nuklearer Ebene und deren Übermittlung durch das Nervensystem kennzeichnet die **Neuroatomwissenschaft.**

Unser Verständnis für atomare und nukleare Prozesse ist durch unsere Sprache-Logik-Einbildungskraft-Philosophie begrenzt worden, die dazu neigt, sich am Euklidischen-Newtonschen Bild zu orientieren. Unvermeidlich »psychologisieren« wir die Natur und »verpersönlichen« Ereignisse, die auf atomarer Ebene stattfinden. Unsere in den Frühstadien der Kindheit geprägten laryngo-muskulären Minds können sich nichts vorstellen, wovon man sich keinen Begriff machen kann; wir können nichts erkennen, was wir nie erfahren haben.

Unser Dialog mit der **DNS** und unsere Gespräche mit atomar-subatomarer und astronomischer Energie müssen jedenfalls zweiseitig verlaufen. Wir müssen unseren Mind jenen Signalen gegenüber öffnen, die unseren Nervensystemen von der **DNS** und von elementaren Intelligenzen übermittelt werden. Wenn wir unsere Psychologic »genetisieren«, d. h. im Sinne von **DNS-RNS** denken, so sehen wir die gegenwärtigen menschlichen Bedingungen als vorübergehende Stufe innerhalb der Entwicklung des Nervensystems. Da wir von der **DNS** geschaffen werden, ist es vom Standpunkt der Logik aus gesehen diplomatisch und vom theologi-

Wir müssen unseren Mind jenen Signalen gegenüber öffnen, die unseren Nervensystemen von der DNS und von elementaren Intelligenzen übermittelt werden.

schen Gesichtspunkt aus konventionell (Bild Gottes), unsere Psychologie auf die Gesetze und Muster molekularer Intelligenz zu gründen. Da der Atomkern die Moleküle sowie die Atome bestimmt, ist es logisch, dass wir unsere Psychologie auf den Gesetzen und Strukturen nuklearer Physik und Astronomie aufbauen; es ist ebenso logisch, daß wir uns als »Atome« oder gar »Sterne« empfinden, die ausstrahlen, zerfallen, anziehen, zurückstossen, empfangen, entlang einem Frequenzspektrum übermitteln, mitschwingen, gesellschaftliche Strukturen formen, eine charakteristische elektromagnetische Persönlichkeit besitzen, sich innerhalb von Energienetzen mit relativistischen Brennpunkten bewegen, usw.

Da unsere altertümlichen, auf Newtonschen geozentrischen Grundsätzen beruhenden psychologischen Systeme wenig zur Erleuchtung oder Harmonisierung der menschlichen Philosophie getan haben, scheint da der Vorschlag allzu phantastisch, wonach wir in Zukunft unsere Psychologie-Konzepte auf den Gesetzen und Strukturen von Physik, Chemie und Astronomie aufbauen sollten und danach trachten müssten, das menschliche Verhalten eher in Begriffen des Natürlichen als in solchen nationaler, gegenseitiger Beziehungen zu erklären?

Die ursprüngliche geozentrische, egozentrische und soziozentrische Psychologie, die den Gesetzen von Biochemie und Physik keine Beachtung schenkt, errichtet eine Philosophie säugetierhafter Gefühle, Euklidischer laryngo-muskulärer Symbole und beschränkter Werte, um damit den »Menschen und sein Universum« zu erklären.

Die Exo-Psychologie sieht das Geschick der Menschheit im Sinne eines sich entwickelnden Nervensystems, das von der **DNS**-Intelligenz (die im Rahmen eines interstellaren Auswanderungsprozesses mit dem Ziel einer vergrößerten Lebensspanne und eines erweiterten Lebensbereiches Planeten als temporäre Nistplätze benutzt) dazu bestimmt ist, symbiotische Sender/Empfänger einer astrophysikalischen Bewusstseinsintelligenz zu werden.

2. Exo-Psychologie ist die Psychologie der Physik (Psi-Phy): auf wissenschaftlichen Tatsachen beruhende Philosophie.

In der Tat gibt es einen soziologischen Beweis dafür, das Science Fiction nur dann gewaltsam unterdrückt wird, falls sie eher die Entwicklung der Menschheit als das von ihr herausgeforderte, definitive Althergebrachte voranzutreiben scheint.

Die in dieser Mitteilung enthaltenen Theorien könnten als Science Fiction, Philosophie der Wissenschaft oder Psychologie der Physik bezeichnet werden: Psy-Phy.*

Sie sind dahingehend **wissenschaftlich,** als sie auf empirischen Ergebnissen aus Physik, Physiologie, Pharmakologie, Genetik, Astronomie, Verhaltenspsychologie und – äusserst wichtig – Neurologie beruhen.

Sie sind im Wittgensteinschen Sinne **fiktiv,** da alle Theorien und Spekulationen ausserhalb der mathematischen Lehrsätze der Naturwissenschaften subjektiv sind.

Sie entsprechen dahingehend der **Tatsache,** dass die gegenwärtigen Fortschritte im Bereich der Auswanderung ins All, der Neorologik und der Lebensverlängerung, die Phantasie der meisten Science Fiction-Autoren bereits überrundet haben. Wir bauen nun eine Zukunft auf, die unglaublicher ist als *2001.* O'Neills Weltraumzylinder sind komplexer und weiter entwickelt als Clarke-Kubricks Weltraumschiffe.

Dieses Buch ist im Verlauf verschiedener Gefängnisaufenthalte geschrieben worden, zu denen der Autor wegen gefährlicher Ideologie und Verletzung Newtonscher Gesetze verurteilt worden ist.

Andere Philosphen (insbesondere christliche Theologen, statistisch orientierte Materialisten, marxistische Dialektiker) liefern unterschiedliche Interpretationen der vorhandenen wissenschaftlichen Fakten. Theorien dieser Art – wie populär sie auch immer sein mögen – sind ebenfalls fiktiv. Die Geschichte lässt erkennen, dass als akademische Dogmen anerkannte oder von gesetzlichen Strafsanktionen gestützte Philosophien nicht unbedingt weniger fiktiv sind als jene, die verfolgt und zensuriert werden. In der Tat gibt es einen soziologischen Beweis dafür, dass Science Fiction nur dann gewaltsam unterdrückt wird, falls sie eher die Entwicklung der Menschheit als das von ihr herausgeforderte, defensive Althergebrachte voranzutreiben scheint. Wir denken dabei an Sokrates, Bruno, Kopernikus, Darwin, Pasteur, Sacharov.

---

*»Jedermann schreibt Science Fiction ... aber die meisten schreiben diesen Genre, ohne sich dessen im geringsten bewusst zu sein.«

Joyce Carol Oates

3. Das Leben entfaltet sich in acht Mutationsstufen – vier irdischen und vier ausserirdischen.

... die als Homo sapiens bekannte Spezies entwickelt sich im Verlauf eines achtstufigen Lebenszyklus. Vier dieser Stufen sind zum larvalen Überleben auf dem Mutterplaneten bestimmt. Die vier weiterentwickelten Stufen sind für das Überleben und Auswandern in den interstellaren Raum beabsichtigt.

Der Gedanke, dass sich die als **Homo sapiens** bekannte Spezies über einen acht Stufen umfassenden Lebenszyklus entwickelt, freut uns und steigert unser Freiheitsgefühl. Vier dieser Stufen sind für ein larvales Überleben auf dem Mutterplaneten bestimmt. Die vier fortgeschritteneren Stufen dienen der Auswanderung in den interstellaren Raum und dem dortigen Überleben.

Exo-Psychologie ist eine Theorie über interstellare Neurogenetik, die auf folgenden Annahmen gründet:

1. In unserer Galaxis gibt es Millionen von Sonnensystemen, die Planeten enthalten, auf denen sich organisches Leben fortpflanzt und entwickelt.

2. Seitdem sich unser Planet im Mittelpunkt der Entwicklung einer G-Typ-Sonne befindet (fünf Milliarden Jahre), wird angenommen, dass die Hälfte der Planeten unserer Galaxis, auf denen Leben zu finden wäre, entwicklungsmässig weiterentwickelt sind, als dies für das Leben auf unserem Planeten zutrifft.

3. Diese fortgeschrittenen Kulturen, die möglicherweise millionenfach vorhanden sind, stellen die Zukunft unserer eigenen Entwicklung dar. Sie sind in einer genetischen Zeit vorhanden, die noch vor uns liegt. »Sie« sind »wir« in der Zukunft.

4. Innerhalb des uns bekannten Universums finden sich in allen Sternensystemen dieselben chemischen Elemente und die gleichen physikalisch-chemischen Prozesse.

5. Leben, wie es sich auf dem Planeten Erde findet, ist nicht einmalig. Wir gleichen unseren interstellaren Nachbarn wie »Erbsen in der Schote«. (Das »wir« bezieht sich hier auf alle auf diesem Planeten vorhandenen Lebensformen.) Wir werden nur auf frühere oder fortgeschrittenere Versionen unserer selbst stossen; wir verkörpern gleichzeitig die fremden Lebensformen.

6. Planeten besitzen eine voraussagbare Lebensdauer. Sie werden in der späten »Rote Riesen«-Phase ihrer Sonnen vernichtet. Die Annahme, dass das Leben die Planeten verlässt, ehe dieselben von alternden Sonnen zerstört oder ihre biologischen Quellen erschöpft sind, ist folgerichtig.

7. Die Theorie der interstellaren Neurogenetik legt den Gedanken nahe, dass das Leben nicht dazu bestimmt ist, auf seinem Geburtsplaneten zu verweilen, sondern auszuwandern und sich über die gesamte Galaxis zu verteilen.

8. Das Leben wird auf jungen Planeten in Form von Aminosäure-Schablonen ausgesät. Diese genetischen Pläne enthalten das auf viele Milliarden Jahre vorausbestimmte Evolutionsprogramm. Metamorphose und Auswanderung bilden die Grundtaktiken der Entwicklung. Wir sind auf Millionen andere Planeten ausgesät worden.

9. Der **DNS**-Code ist buchstäblich eine Botschaft, die den Verlauf der Entwicklung umreisst. Auf dem Planeten Erde hat sich etwa die Hälfte dieses Evolutionsprogramms entfaltet. Die zukünftige, von **Histonen** blockierte Hälfte liegt brach und wartet darauf, aktiviert zu werden – etwa so, wie die Chromosomen einer Kaulquappe die zukünftige Form des Frosches

Die Metamorphose der menschlichen Spezies von der irdischen zur ausserirdischen Existenz zeichnete sich durch die beinahe gleichzeitige Entdeckung von neuroaktiven Drogen, elektronischen Geräten, DNS-Struktur und subatomaren nuklearen Energien aus.

»enthalten«. So wie der vier Monate alte menschliche Embryo die Form des Neugeborenen enthält oder das Neugeborene jene des pubertierenden Teenagers.

10. Die menschliche Spezies schliesst nun die vierte Stufe ihrer larvalen Entwicklung ab. Man stelle sich die Erde als Gebärmutter vor. Das Leben auf dieser Erde ist bis anhin embryonal; wenn es den Planeten verlässt, nimmt es eine nach-fetale, nach-larvale Daseinsform an.

11. Es ist zweckdienlich, das larvale Leben auf Erden als newtonisch zu beschreiben – als Angelegenheit, die mit der an Schwerkraft gebundene Mechanik des Überlebens zu tun hat. Die ausserirdische Daseinsform als einsteinisch – in bezug auf die Schwerkraft selektierend – zu beschreiben, ist ebenfalls »passend«.

Die vier Newtonschen Schaltkreise des Nervensystems befassen sich mit der Beherrschung der für ein irdisches Überleben unerlässlichen vier umbilikalen **Grundhaltungen**.

1. ventral-dorsal
2. vertikal (oben-unten)
3. dreidimensional (links-rechts)
4. schützend-inkorporierend (für das Überleben der Spezies)

Die vier Einsteinschen Schaltkreise des Nervensystems sind für das Überleben im nach-irdischen Raum bestimmt; sie umfassen die Beherrschung folgender Punkte:

5. **Der Körper als Zeitmaschine**
6. **Das Nervensystem als selbstgesteuerter bioelektrischer Computer**
7. **Der genetische Code als molekulare Intelligenz**
8. **Metaphysiologische, nuklear-schwerkraftbezogene Kraftfelder (quantenmechanisch)**

12. Die Metamorphose der menschlichen Spezies von der irdischen zur ausserirdischen Existenz zeichnete sich durch die beinahe gleichzeitige Entdeckung von neuroaktiven Drogen, elektronischen Geräten, **DNS**-Struktur, subatomaren nuklearen Energien und Quantenmechanik aus.

Die wissenschaftlichen Fakten des Nervensystems, die durch Prägung geschaffene Realität, unsere Stellung in der Galaxis, Neurotransmitter, Einsteinsche Relativität, den DNS-Code – letzterer findet sich nun in jedem Mittelschulbuch – können von aufgeschlossenen Jugendlichen verstanden werden.

Jede der acht Perioden des individuellen menschlichen Lebens umfasst ungeheure Veränderungen im Bereich von Morphologie, Verhalten, Physiologie und – als äusserst wichtigen Punkt – Neurologie. Ungeachtet der Tatsache, dass diese Veränderungen auch für den ungeschultesten Beobachter offensichtlich sind, werden die psychologisch-philosophischen Begleiterscheinungen dieser Stufen von den larvalen Wissenschaftlern und Philosophen nicht verstanden. Dies mag darauf zurückzuführen sein, dass sich die menschliche Spezies selbst über dieselben acht Stufen entwickelt und bis vor kurzem beinahe ausnahmslos mit den vier grundlegenden larvalen Überlebensprozessen (vegetativ, politisch, technisch, gesellschaftlich) beschäftigt war.*

Analog könnte eine an das Wasser gebundene Gesellschaft von Kaulquappen neurologisch nicht erkennen, dass der amphibische Frosch eine spätere Version (stammesgeschichtlich und individuell) seiner selbst darstellt.

Die wissenschaftlichen Fakten des Nervensystems, die durch Prägung geschaffene Realität, unsere Stellung in der Galaxis, Neurotransmitter, Einsteinsche Realität, den **DNS**-Code – letzterer findet sich nun in jedem Mittelschulbuch – können von aufgeschlossenen Jugendlichen verstanden werden. Diese Fakten sind dennoch dem jüdisch-christlich-marxistischen Konzept der menschlichen Natur gegenüber so fremd, dass sie unterdrückt worden sind. Unbewusster Widerstand gegen allgemein bekannte Beobachtungen und wissenschaftliche Entdeckungen bilden einen Routinevorgang in der Entwicklung des menschlichen Wissens. Wir sind mit der Tendenz vertraut, Tatsachen, die unsere orthodox religiösen Dogmen stören, tabu zu erklären. Dieses Tabu-Phänomen ist genetisch festgelegt. Die vorzeitige Ankündigung zukünftiger Metamorphosestufen würde eine larvale Spezies gefährlich verwirren und demoralisieren.

Die Entdeckung der serienmässigen Prägungsmöglichkeit unseres Nervensystems, der im Kortex vorhandenen bi-lateralen Asymmetrie Vergangenheit-Zukunft, der Möglichkeit fortgeschrittener Lebensformen auf Millionen Planeten innerhalb unserer lokalen Galaxis sowie das Erkennen der in der unbenutzten Hälfte des **DNS**-Code ruhenden Langlebigkeits-Möglichkeiten rufen einen Mutations-Quantensprung innerhalb der menschlichen Entwicklung hervor, der nun die Spezies auf die Auswanderung von unserem Planeten vorbereitet.

---

* Das rudimentäre Erkennen der larvalen, zyklischen Natur des zeitgenössischen menschlichen Daseins ist sporadisch innerhalb von früheren Zivilisationen erreicht worden, welche zeitweise die notwendige Stufe biologischer, politischer, technischer und reproduktiver Sicherheit erreicht haben. Im alten China, in Indien, auf Ceylon und Kreta, in Babylon, Griechenland, im islamischen Damaskus, in Ägypten und im Europa der Renaissance setzte eine kleine neurologische Elite frühreifer Evolutionäre Musse (d. h. *Zeit*) und vorhandene Technik ein, um körperlich hedonistische, erotische und ästhetische Ausdrucksformen, Science Fiction-Spekulationen und botanische Verfahren einer erweiterten neurologischen Funktion ausserhalb der Überlebens-Prägungen zu entwickeln.

4. Das menschliche Nervensystem umfasst acht Schaltkreise

Auf jeder Stufe der individuellen Entwicklung wird eine neue Prägung hervorgebracht. Jede Prägung bestimmt die positiven und die negativen Brennpunkte einer nachträglichen Konditionierung des neu aktivierten Schaltkreises.

Das menschliche Nervensystem entwickelt sich folgerichtig über acht Reifestufen hinweg. Innerhalb jeder Stufe wird ein neuer Schaltkreis des Nervensystems aktiviert und geprägt.

Die vier larvalen (neuro-umbilikalen) irdischen, zur Bindung an die Erde und zum Zweck des Überlebens bestimmten Schaltkreise des Nervensystems sind:

I. **Der Bio-Überlebens-Schaltkreis**; Aufnahme, Integration und Übermittlung neuraler Signale, die mit zellulärer Gesundheit und vegetativer, metabolischer Sicherheit zu tun haben. Sicherheit-Gefahr.

II. **Der Erregungs/Fortbewegungs-Schaltkreis**; Aufnahme, Integration und Übermittlung neuromuskulärer Signale, die mit Körperbeweglichkeit, territorialer Kontrollfähigkeit und dem Vermeiden von Hilflosigkeit zu tun haben.

III. **Der laryngo-manuelle Geschicklichkeits-Schaltkreis**; Aufnahme, Integration und Übermittlung neuraler Signale der neun Kehlkopfmuskeln und der Hand, die mit Sprache und gezielter Handhabung von Gerätschaften zu tun haben.

IV. **Der sexuell-domestizierende Schaltkreis**; Aufnahme, Integration und Übermittlung neuraler Signale, die mit sexueller Personifizierung, Freien, Paarung, Elternschaft, Grossziehen von Kindern und Sozialisierung zu tun haben.

Die vier Schaltkreise des Nervensystems, die dazu bestimmt sind, ausserirdische Energien zu vermitteln und der interstellaren Daseinsform anzupassen sind:

V. **Der neurosomatische Schaltkreis**; Aufnahme, Integration und Übermittlung von auf Sinneswahrnehmungen beruhenden somatischen Signalen, die – von larvaler Prägung unzensuriert – dazu bestimmt sind, in einer Umgebung mit Null-Gravitation in Funktion zu treten. Körper-Bewusstsein.

VI. **Der neuroelektrische Schaltkreis**; mit der Simultanität und Geschwindigkeit eines bioelektrischen Leistungsnetzes vermittelt er Aufnahme, Integration und Übermittlung neuraler Signale aller anderen Schaltkreise und des Gehirns; nicht durch Überlebens-Prägungen programmiert. Gehirn-Bewusstsein.

VII. **Der neurogenetische Schaltkreis** prägt den DNS-Code, nimmt RNS-Signale auf, übermittelt sie, tritt demgemäss zur »Spezies-Zeit« in Aktion und ermöglicht biologische Unsterblichkeit und Symbiose mit höheren Lebensformen. DNS-Bewusstsein.

VIII. **Der metaphysiologische-neuroatomare** Schaltkreis ist aktiviert, sobald das Nervensystem subnukleare quantenmechanische und gravitationsbezogene Signale prägt, um auf diese Weise biologisches Sein zu übermitteln. Quanten-Bewusstsein.

Jede Prägung bestimmt genau eine Stufung der Inselrealität. Kürzlich entwickelte Wiederprägungs-Techniken ermöglichen eine serienmässige, geplante wiederholte Schöpfung von »Wirklichkeiten«.

Auf jeder Stufe der individuellen Entwicklung findet eine neue Prägung statt. Jede Prägung bestimmt die positiven und die negativen Brennpunkte im Hinblick auf eine spätere Konditionierung des neu aktivierten neuralen Schaltkreises. Jede Prägung bestimmt genau eine Ebene der Inselrealität. Kürzlich entwickelte Wiederprägungs-Techniken ermöglichen eine serienmässige, geplante wiederholte Schöpfung von »Wirklichkeiten«.

Die gesamte Tätigkeit des Nervensystems beruht natürlich auf chemisch-elektrischer Kommunikation.

Die ersten vier larvalen Schaltkreise des Nervensystems sind vom **DNS**-Code dazu bestimmt worden, mit den Euklidisch-Newtonschen Eigenschaften des Planeten Erde und den als logische Folgeerscheinungen auftretenden Unregelmässigkeiten der menschlichen Anatomie zu befassen. Die vier weiteren nach-irdischen Schaltkreise sind zum gravitationsfreien psychosomatischen Empfang und zur neuroelektronischen Entschlüsselung der Aufnahmefähigkeit von **DNS-RNS**-Signalen sowie zur Ergänzung subatomarer Botschaften bestimmt.

5. Es gibt vierundzwanzig Stufen neuraler Entwicklung: Zwölf irdische und zwölf ausserirdische*

Die ersten zwölf neurogenetischen Stufen beschreiben die Evolution des Lebens auf diesem Planeten – von einzelligen Organismen bis zum äusserst weitentwickelten Insekt und zur menschlichen Gesellschaft – sowie die Entwicklung des Individuums von der Geburt bis zur larvalen Reife und der damit verbundenen, vollständigen Bienenkorb-Sozialisierung.

Im vorhergehenden Abschnitt haben wir die acht Perioden (Zeiträume) der menschlichen Evolution erklärt.

Vier sind larval-erdgebunden und vier sind für die Auswanderung ins All geschaffen.

Ziel der Evolution ist die höhere Intelligenz – eine folgerichtige Entwicklung des Nervensystems – die zunehmend fähig ist, ein breiteres Spektrum stärkerer, komplexerer und schnellerer Signale aufzunehmen, zu integrieren und weiterzuleiten.

Je intelligenter die Spezies, um so fähiger ist sie, sich anzupassen und zu überleben. Die Körper sind die Träger für den Transport von Gehirn und Saat. Die Körper entwickeln sich, um Gehirn und Sperma/Ei wirksamer unterbringen und transportieren zu können.

Der genetische Code hat das Nervensystem dazu vorprogrammiert, sich in metamorphen Stufen zu entwickeln. **Metamorphose und Auswanderung bilden die Grundlage der Evolution.**

Das folgerichtige Zutagetreten neuraler Schaltkreise beim einzelnen Menschen wiederholt das stammesgeschichtlich bedingte Erscheinen von komplexeren Nervensystemen.

Das Studium neuraler Vorgänge und der Evolution des Nervensystems zeigt, dass drei Entwicklungsabschnitte vorliegen:

---

* Das Buch *The Periodic Table of Evolution* enthält eine systematische und detaillierte Erläuterung der vierundzwanzig Stufen der Neuroevolution; dabei wird darauf hingewiesen, dass die biologische und menschlich-individuelle Entwicklung auf einer Programmierung beruht, die sich im chemischen Periodensystem findet.

Dieses Buch sieht im Periodensystem eine Code-Übermittlung, welche die Stufenfolgen biologischer Evolution aufzeigt, und erblickt darin zugleich einen *Stein von Rosette,* mit dessen Hilfe die philosophische Bedeutung zeitloser menschlicher Symbolsysteme entziffert werden kann.

Die neurogenetischen Symbolsysteme, die mit Begriffen des Periodensystems erfasst werden können, finden sich:

        im Tarot
        bei den Tierkreiszeichen
        im I Ging
        in den Spielkarten-Zeichen
        im griechisch-römisch-olympischen Pantheon
        im hebräischen Alphabet

Diese kulturellen Spiele treten als ungeschliffener, im allgemeinen jedoch zutreffender neurosymbolischer Ausdruck einer vor-einsteinschen Spezies auf, der ein auf dem Periodensystem der Atomteilchen beruhendes Grundmodell galaktischer Entwicklung zum Ausdruck bringt. Diese »okkulten« Systeme sind protowissenschaftliche Versuche, den Verlauf der Lebensentwicklung auf dem Planeten und ausserhalb desselben vorauszusagen, die als neurokulturelle Kommunikationssysteme verstanden werden können, in denen die Menschheit natürliche Gesetze symbolisiert.

Die *Exo-Psychologie* ist ein erster Leitfaden, mit dessen Hilfe die acht Hauptabschnitte der neurologischen Entwicklung umrissen werden. Eine detaillierte Beschreibung der vierundzwanzig Ebenen findet sich in den Werken *The Periodic Table of Evolution* und *The Eight Calibre Brain,* auf die der interessierte Leser hingewiesen sei. (Beide Bücher sind im Original vergriffen und auch nicht ins Deutsche übertragen worden. A. d. V.)

Der genetische Code hat das Nervensystem vorprogrammiert, sich in metamorphen Stufen zu entwickeln. Die grundlegende Strategie der Evolution ist Metamorphose.

**Selbst-zentrierte Aufnahme
Integration
Übermittlungs-Fusion**

Das Neuron, welches die Basiseinheit der biologischen Bewusstseinsintelligenz bildet, besitzt drei anatomische und funktionelle Teile: den dendritischen Teil, der Signale aufnimmt, den Zellkörper des Neurons, der ankommende Signale speichert, integriert und übersetzt, sowie das Axon, das die Botschaften übermittelt. Jedes Neuron, jeder Schaltkreis und in der Tat das gesamte Nervensystem sind in diese drei Funktionen aufgeteilt.

Auf der untersten Ebene einzelligen oder wirbellosen Lebens dienen diese drei Funktionen dem Überleben des Individuums; auf höheren Entwicklungsebenen nehmen jedoch Kommunikation und Zusammenschluß unter den Speziesangehörigen eine grössere Bedeutung ein.

Da jeder neurale Schaltkreis im Verlauf der Entwicklung des Individuums in Erscheinung tritt, ergibt sich als erstes die selbstbezogene, rezeptive Input-Phase, und die organisierte Übertragung, welche den Organismus mit anderen verbindet, bildet das dritte Stadium.

Die Entwicklung des larvalen Individuums verläuft demnach über zwölf Phasen (4 Schaltkreise x drei Orientierungen). Die ausserirdische Entwicklung verläuft ebenfalls über zwölf Stufen (4 x 3).

Die vierundzwanzig Ebenen sind sowohl phylogenetisch als auch ontologisch. Die ersten zwölf neurogenetischen Ebenen beschreiben die Evolution des Lebens auf diesem Planeten – von einzelligen Organismen bis zum äusserst weitentwickelten Insekt **und** zur menschlichen Gesellschaft – sowie die Entwicklung des Individuums von der Geburt bis zur larvalen Reife und der damit verbundenen vollständigen Bienenkorb-Sozialisierung.

6. Dieses Buch übermittelt eine interstellare neurogenetische Philosophie.

Dieses Buch versucht eine umfassende Evolutions-Philosophie darzulegen; ein nach-irdischer Ausblick.

Dieses Buch versucht eine umfassende Evolutions-Philosophie darzulegen; ein nach-irdischer Ausblick.

Wir setzen – ohne umfassende Rückschau oder wiederholte Darlegungen – die derzeitigen (1976) Fakten und Theorien auf dem Gebiet der Nuklearphysik, der Astronomie, **DNS**-Genetik, Ethologie, experimentellen Prägung, Psychopharmakologie, Neurologie und der Verhaltens-Psychologie voraus.

Gestützt auf diese allgemeine Übereinstimmung wissenschaftlicher Fakten sowie auf unsere umfassenden Versuche mit erweiterten und beschleunigten Bewusstseinszuständen in breitesten Bereichen von Umwelt und sozialem Zusammenhang, stellen wir folgende Punkte vor:

1. Eine bioneurale **Kosmologie**; eine Theorie über den Ursprung und die Entwicklung des Lebens auf diesem Planeten und ausserhalb desselben.

2. Eine neuromuskuläre **Politik,** welche die grundlegenden genetischen Dimensionen der Freiheit/Kontrolle muskulärer Bewegung im territorialen Raum erklärt.

3. Eine neurogenetische **Erkenntnistheorie,** welche das subjektiv Wahre/Falsche und das sich wechselseitig als Tatsache/Fehler Manifestierende innerhalb der laryngo-manuellen Symbolsysteme definiert.

4. Eine neurogenetische **Ethik,** die erklärt, was subjektiv gut/schlecht und was allgemein übereinstimmend richtig/falsch ist.

5. Eine neurosomatische **Aesthetik,** welche die natürlichen, körperlichen Dimensionen des Schönen darlegt.

6. Eine neurogenetische **Ontologie,** eine anatomisch-empirische Theorie der acht Realitäts-Ebenen, deren Entwicklung und gegenseitige Beeinflussung.

7. Eine interstellar-neurogenetische **Theologie,** welche den zukünftigen Entwicklungsverlauf des Individuums und der gesamten Spezies definiert; diese Evolution führt zu Langlebigkeit und galaktischer Symbiose mit höheren Lebensformen.

8. Eine metaphysiologische neuroatomare **Eschatologie,** welche die Prägung des Nervensystems auf Nuklear-Gravitations-Quanten-Kraftfelder voraussagt.

7. Eine bioneurale Kosmologie: Leben ist ausserirdischen Ursprungs und hat ein galaktisches Ziel

Höhere Intelligenz, welche sich innerhalb von interstellaren Nuklear-Gravitations-Quanten-Strukturen befindet, hat bereits eine Botschaft auf diesen Planeten gesandt. Die UFO-Botschaft trägt die Form des DNS-Code und von elektroatomaren Signalen, die vom Nervensystem empfangen werden können.

Dieses Buch legt eine neurogenetische Kosmologie dar – eine Theorie über Ursprung, Entwicklung und Schicksal des Lebens auf diesem Planeten und ausserhalb desselben.

Diese Kosmologie legt nahe, dass eine höhere Intelligenz, welche sich innerhalb von interstellaren, Nuklear-Gravitations-Quanten-Strukturen befindet, bereits eine Botschaft auf diesen Planeten gesandt habe. Die UFO-Botschaft trägt die Form des **DNS**-Code und von elektroatomaren Signalen, die vom Nervensystem empfangen werden können.

Das Leben, ein Milliarden Jahre altes, ununterbrochenes Energienetz sich entwickelnder Bewusstseinsintelligenz, bildet die Botschaft.[*]

Geführte Panspermia. Das Leben ist auf diesem Mutterplaneten in Form von Aminosäure-Mustern (Schablonen) ausgesät worden, die dazu bestimmt waren, von der Sonnenstrahlung aktiviert zu werden und sich in einer Serie von genetischen Häutungen und Metamorphosen zu entfalten.

Es gibt acht Entwicklungsstufen, die möglicherweise auf allen mit Sauerstoff versehenen Mutterplaneten innerhalb der Galaxis zur Entfaltung gelangen.

Die ersten vier Stufen betreffen die Anpassung an die Newtonschen Merkmale des Mutterplaneten und sind für das fetale, an die Erdoberfläche gebundene Überleben geschaffen.

Die vier weiteren Stufen dienen dazu, die im nach-irdischen Raum wirkenden Einsteinschen-elektroatomaren-gravitationsbezogenen Kräfte zu entziffern und zu ergänzen; ein weiterer Punkt ist die Anpassung an die genannten Kräfte.

Die ersten vier Stufen sind muskulär-materieller Art; sie bestimmen winzige Überlebens->>Realitätsinseln«, mit denen der Organismus verbunden ist.

Die vier nach-larvalen Stufen sind dazu bestimmt, das Leben vorwärtszutreiben und ausserhalb dieses Planeten zu erhalten.

Der in der **DNS** lokalisierte biologische Netzplan der organischen Entwicklung leitet die Entfaltung der Schaltkreise des Nervensystems.

Eines der Hauptziele des Lebens besteht im Erreichen stets zunehmender Intelligenz (I^2), um somatische Signale innerhalb des Körpers, innerhalb des Nervensystems selbst, Signale des **DNS**-Code und metaphysiologische neuro-atomare Energiemuster entziffern zu können.

Die Geschichte des Lebens und der Menschheit erklärt sich am besten mit dem Begriff »Bewusstseinsintelligenz«; mit der Entwicklung des Nervensystems. Anstelle anthropologischer, auf Geographie (Java-Mensch) oder Anpassungsfähigkeit (Mensch der Jungsteinzeit) beruhender Einteilungen schlagen wir für die neurale Entwicklung folgende Perioden vor. Jede Periode ist im Zusammenhang zur nachfolgenden als larval oder roboterhaft zu sehen.

---

[*] Anstelle des Wortes »Intelligenz« ziehen die Exo-Psychologen den Ausdruck »Bewusstseinsintelligenz« vor; sie beziehen sich dabei auf die Aufnahme, die Integration und die Übermittlung von Energie-Signalen. Es gibt acht Stufen der Bewusstseinsintelligenz.

Jede Lebensform auf diesem Planeten ist ein fremder Einwanderer aus dem All. Wir alle sind Unidentifizierte Fliegende Organismen.

1. Einzellige-wirbellose Stufe (marin): Annähern/Meiden in bezug auf vegetatives Leben.
2. Wirbellose-Tier-Stufe: Territoriale Vorherrschaft und Beherrschung der Schwerkraft.
3. Humanoide Stufe: präzises-gewandtes Nervensystem für die laryngo-manuelle Symbol-Manipulation.
4. Menschliche Stufe: Das Nervensystem ist für ein sexuelles-domestiziertes Verhalten geprägt, wobei Rücksicht auf Arbeitsteilung, Kaste, Klasse und Sitten genommen wird. Für das Überleben der Spezies.
5. Neurosomatische Stufe: Kompetente Kontrolle über den gravitationsfreien Körper. Körperbewusstsein.
6. Neuroelektrische Stufe: Kompetente, von somatischen Programmen unabhängige Kontrolle über das Nervensystem. Gehirn-Bewusstsein.
7. Neurogenetische Stufe: Kompetente Verbindung zwischen dem Nervensystem und dem zu Symbiose und Lebensverlängerung führenden **DNS**-Code. **DNS**-Bewusstsein.
8. Metaphysiologische, neuroatomare Stufe: Kompetente Verbindung zwischen Nervensystemen und subatomarer Energie. Quanten-Bewusstsein.

Jede Lebensform auf diesem Planeten ist ein fremder Einwanderer aus dem All. Wir alle sind Unidentifizierte Fliegende Organismen.
Im Verlauf der ersten vier larvalen Stufen liegt der Schwerpunkt auf der Verbindung mit dem Mutterschoss der Erde, um im Ein-G-Raum überleben zu können. Während der vier späteren Stufen liegt die Betonung auf dem interstellaren Überleben;

5. Beherrschung des Körpers als Nullgravitation-Fortbewegungsmittel.
6. Beherrschung des Nervensystems als Sender/Empfänger von sich mit hoher Geschwindigkeit fortbewegenden bioelektrischen Signalen.
7. Symbiotische **DNS**-Koppelung mit anderen galaktischen Lebensformen.
8. Transfusion mit metaphysiologischer Intelligenz.

Die hier aufgeführten acht neurologischen Entwicklungsstufen werden in dem Buch *The Eight Calibre Brain* besprochen. Es ist wichtig, dass der Leser dabei bemerkt, dass eine evolutionäre, auf die Galaxis ausgerichtete Kosmologie und Teleologie (Theologie, wenn man so will) vorgestellt wird. Es handelt sich dabei um ein hypothetisches kosmologisches Modell, das auf den gegenwärtigen Fakten in Psychologie, Ethologie, Genetik, Neurologie und Astrophysik beruht; ein Modell, um Ursprung und Bedeutung des Lebens zu erklären und die zukünftige Entwicklung innerhalb eines Rahmens vorauszusagen, in welchem die gegenwärtigen menschlichen Daseinsformen als larval, fetal angesehen werden.
Kosmologie gilt traditionsgemäss als eine Sache »im Abseits«; ein riskantes Unternehmen, das unvermeidlich jene Art von Spekulationen miteinschliesst, welche die Leute verunsichern. In der Tat besteht in bezug auf teleologische Erörterungen ein als Zensur wirkendes Tabu. Diese Zukunfts-Angst (Neophobia) führt oft zu inquisitionsartiger Unterdrückung. Giordano Bruno ist wegen der Verbreitung kosmologischen Gedankenguts auf dem Scheiterhaufen verbrannt worden – er hatte unbequeme zukunftsbezogene Fragen aufgeworfen. In seinem Essay *Zwiegespräch vom unendlichen All und den Welten* veröffentlichte Bruno den folgenden Dialog:

Ein fürchterliches Missbehagen hat die moderne Welt demoralisiert. Der Spenglersche Untergang. Diese Krise ist nicht politisch und nicht ökologisch, weder energiebedingt noch wirtschaftlich. Sie ist philosophischer Art; eine Prae-partum-Depression.

Elpino: Wie ist es möglich, dass das Universum unendlich sei?
Philotheo: Wie ist es möglich, dass das Universum begrenzt sei?
Elpino: Wie kannst du den Anspruch erheben, dass du diese Unendlichkeit anschaulich machen könnest?
Philotheo: Wie kannst du behaupten, dass du diese Begrenztheit aufzeigen könnest?
Elpino: Was breitet sich da weiter aus?
Philotheo: Was ist das für eine Begrenzung?

Der schöpferische Kosmologist stellt seine/ihre Theorie vor und bittet danach den Kritiker, die seine/ihre zu erklären. Und hier liegt der schwache Punkt. Obgleich jedes larvale Wesen sein Leben auf eine stillschweigend vorhandene Kosmologie gründet (zumeist vage Dogmen, die dem kindlichen Nervensystem eingeprägt worden sind), widerstrebt es den meisten erwachsenen Menschen, ihren Glaubensgrundsätzen verbal Ausdruck zu verleihen, weil diese der genauen Prüfung aus rationaler Sicht und vom wissenschaftlichen Standpunkt aus nicht standhalten:

Larvaler Philosoph: Wie können Sie geltend machen, dass das menschliche Wesen die larvale Form einer zukünftig metamorphisierten Einheit von höherer Intelligenz und Bewusstsein darstelle?
Exo-Psychologe: Wie können Sie behaupten, dass die Entwicklung mit dem gegenwärtigen menschlichen Nervensystem ihren Abschluss gefunden habe?
Larvaler Philosoph: Es ist absurd, über eine höhere Intelligenz, welche die Erde mit genetischen Programmen besät, Spekulationen anzustellen.
Exo-Psychologe: Was ist Ihre Theorie zum Ursprung des Lebens? Die Genesis des Alten Testaments? Zufall und statistische Wahrscheinlichkeit? Helle Blitze, die in Methan-Ammoniak-Pfützen Leben auslösen? d. h. eine spontane Zeugung?

Ein fürchterliches Missbehagen hat die moderne Welt demoralisiert. Der Spenglersche Untergang. Diese Krise ist nicht politisch und nicht ökologisch, weder energiebedingt noch wirtschaftlich. Sie ist philosophischer Art; eine Prae-partum-Depression. Technische, wirtschaftliche und politische Verhandlungen verlaufen unvermeidlich pessimistisch, weil sie die Kernfrage, um die sich alles dreht, vermeiden: Warum sind wir hier und wohin gehen wir?

Kosmologische, auf den Ursprung gerichtete Fragen sind eng mit Theorien zur Frage des Ziels verbunden.

Spekulationen über den Ursprung des Lebens bildeten (bewusst oder unbewusst) die Grundlage jeder menschlichen Kultur. Unumgängliche Fragen wie
Wer tat es – und warum?
führen zu Antworten auf das Problem, wie wir dorthin gelangen und wo wir hinzugehen bestimmt sind. Wenn Allah es tat, sind wir unterwegs zu Allah. Falls es niemand tat, gehen wir nirgendwohin.

Seitdem jeder einzelne der acht Schaltkreise des Nervensystems seine eigene Realität schafft, erbringt natürlich jede Prägung ihre eigenen, auf sich selbst begrenzten Antworten.

Die meisten Evolutionisten berufen sich auf den Zufall als bestimmenden Faktor und schreiben die offensichtliche Überlegenheit des Menschen dem zufälligen und nebensächlichen Zutagetreten des einzigartigen Nervensystems zu.

Schaltkreis 1 beispielsweise umreisst den Endzweck des Lebens in innerorganischen, vegetativen, zellulären Überlebensbedingungen – essen, trinken, atmen, vermeiden von Schmerz, Gefahr und Kälte. Dasselbe findet sich auf den anderen larvalen Ebenen der Realität.

In diesem kritischen Zeitabschnitt der Geschichte gibt es zwei breite Wege, um den Fragen nach dem Warum, Woher, Wohin und Von wem näherzukommen.

Evolutionäre larvale Wissenschaftler
Der Schöpfung verpflichtete larvale Theologen (Kreationisten)

Der »Entscheid« wird durch die Tatsache kompliziert, dass Wissenschaft und Theologie unentwirrbar miteinander verbunden sind und dass es sich bei vielen wissenschaftlichen Evolutionisten um geheime Kreationisten handelt.

Die gegenwärtige orthodoxe »wissenschaftliche« Evolutionstheorie hält daran fest, dass sich alle Pflanzen und Tiere aus anorganischen Molekülen entwickelt haben, die im vor-kambrischen Schlamm geschmort hatten und vor drei Milliarden Jahren durch elektromagnetische Prozesse zum Leben entflammt worden sind; Zufall und natürliche Auswahl – die langsam, aber hartnäckig mittels Nukleinsäure-Ketten arbeiten – haben die Vielfalt und Komplexität des biologischen Lebens hervorgebracht. Die meisten Evolutionisten glauben, dass sich alle Lebensformen aufgrund der erstaunlichen Übereinstimmung der **DNS** unter den Spezies und der offensichtlichen Kontinuität stammesgeschichtlicher und individueller Entwicklung auf einen gemeinsamen Ursprung zurückführen lassen.

Evolutionisten, welche diesen »Zufalls-Schlamm« vorschlagen, neigen dazu, atheistisch, wissenschaftlich, skeptisch und – bezüglich der Existenz menschlichen Lebens auf anderen Planeten – pessimistisch zu sein. Sie pflegen sich über die Möglichkeit einer in der Galaxis vorhandenen höheren Intelligenz auszuschweigen. G. G. Simpson, ein führender Philosoph evolutionärer Richtung, hatte die statistisch erhabene Unwahrscheinlichkeit aufgezeigt, wonach sich das Leben auf anderen Planeten nicht auf dieselbe Weise entfalten kann, wie dies auf der Erde geschah. Für strikt statistisch arbeitende Evolutionisten ist das Auftauchen menschenähnlichen Lebens – selbst auf diesem Planeten – unwahrscheinlich, wenn nicht gar unmöglich.

Die meisten Evolutionisten berufen sich auf den Zufall als bestimmenden Faktor und schreiben die offensichtliche Überlegenheit des Menschen dem zufälligen und nebensächlichen Zutagetreten des einzigartigen Nervensystems zu.

Die **Kreationisten** variieren in bezug auf Art und Spezies so mannigfaltig wie die Evolutionisten, doch glauben sie im allgemeinen, dass in einer frühen Periode der Geschichte verschiedene Spezies einzeln von einer höheren Intelligenz namens Jahwe, Jehova, Gott, Allah usw. geschaffen worden seien.

Zahlreiche Kreationisten berufen sich auf die biblische **Genesis,** die erklärt, dass Gott die verschiedenen Tierarten schuf, dass der »Mann« einzeln und die »Frau« als nachträglicher Einfall erschaffen worden sei.

Verfeinerte Formen des Kreationismus sind von Wissenschaftlern wie Carl von Linné (Linnaeus), dem Vater der Taxonomie, hervorgebracht worden, der behauptete: »Es gibt nur so viele Spezies, als zu Anbeginn erschaffen worden sind.« Louis Agassiz, ein Harvard-Biologe, erklärte, dass der Schöpfer die heute sichtbaren Lebensformen beabsichtigt habe.

Es ist interessant, dass – wenn überhaupt – nur wenige Denker beider Lager die Möglichkeit einer fortdauernden Entwicklung hervorgehoben oder detailliert über spezifische Formen, wie sie die Zukunft bringen könnte, Spekulationen angestellt haben.

Diese beiden Standpunkte zeichnen sich durch folgenden grundlegenden Unterschied aus:

Die **Evolutionisten** glauben, dass die komplexe Vielfalt dem Einfachen entsprungen sei.

Die **Kreationisten** glauben, dass die Komplexität und Vielfalt von Anbeginn beabsichtigt gewesen seien.

Evolutionisten neigen auch dazu, an das »Zufällige«, an das Schicksalhafte des Prozesses zu glauben und den Gedanken vorbestimmter Planung oder berechnender Intelligenz zu vermeiden.

Kreationisten haben die Tendenz, orthodoxe religiöse Eiferer zu sein, die den göttlichen Schöpfer personifizieren und dazu neigen, die Menschheit an den Scheitelpunkt irdischen Lebens zu stellen – gewöhnlich wird dabei für auserwählte Gläubige eine nach-biologische Existenz nach dem Tode in Betracht gezogen. Einige Theologen sehen ausserirdische metaphysiologische Wesenheiten vor: Dämonen, Engel, Teufel, Heilige. Zwischen den theologisch orientierten Kreationisten und den wissenschaftlichen Evolutionisten hat sich ein unüberbrückbarer Abgrund aufgetan, weil letztere für die himmlischen Trugbilder und wünschenswerten Unsterblichkeitsideen der Kreationisten keine Beweismittel finden können.

Es ist interessant, dass – wenn überhaupt – nur wenige Denker beider Lager die Möglichkeit einer fortdauernden Entwicklung hervorgehoben oder detailliert über spezifische Formen, wie sie die Zukunft bringen könnte, Spekulationen angestellt haben. Das Vorhandensein fortgeschrittener Formen der Intelligenz auf anderen Planeten oder in der Zukunft der Menschheit ist besonders verwirrend für Wissenschaftler, die möglicherweise von den himmlischen Absurditäten religiös Orthodoxer erschreckt worden sind.

Die Exo-Psychologie wagt es, diesen klassischen Fragen neue Antworten gegenüberzustellen, indem sie vorschlägt:
1. dass sich das Leben nicht nur auf unseren Planeten beschränkt
2. dass unser Planet besät worden ist
3. dass sich die Evolution der verschiedenen Spezies auf allen biologischen Planeten nach demselben vorbestimmten Plan entfaltet
4. dass das Leben dazu bestimmt ist, von seiner »Pflanzstätte« auszuwandern
5. dass das Erscheinen grosser Mutationen in unserer Zukunft vorprogrammiert ist.

Die Exo-Psychologie versucht aus allen Wissenschaften Beweise zusammenzutragen, um dem dauernden, aus den Nervensystemen der Vergangenheit hervorsprudelnden Mythos Respekt zu zollen – und um von beiden Datenquellen aus praktische Extrapolationen im Hinblick auf die Zukunft durchzuführen.

Es ist daher möglich, einen **Evolutionismus** in Erwägung zu ziehen, der behauptet, dass die ursprünglichen Aminosäure-Muster in ihrem Entwurf
1. massgebende physiologische und anatomische Prozesse vorgesehen haben, welche der Schaffung und dem Umgang mit den verschiedenen umweltbedingten Herausforderungen dienen, wie sie sich zufällig auf Planeten wie dem unseren entfalten
2. vorausbestimmte Folgen von Verbesserungen auf dem Gebiet der Anatomie und insbesondere der Neurologie vorsehen, die den sich entfaltenden Spezies eine Metamorphose bis zu jenem Punkt erlauben, wo sie den Planeten verlassen können.

Science Fiction hat sich zu einer populären Literaturform entwickelt. Das beste davon wird zur Psy-Phy, der Psychologie der Physik.

Man muss nicht unbedingt die »geführte Panspermia« akzeptieren, um diesen exo-psychologischen Standpunkt anzunehmen. Die konservativste wissenschaftliche Logik führt zu Zukunftsmöglichkeiten, die folgendes involvieren:

Verbesserungen im Gebrauch des Nervensystems
Genetische Manipulationen
Gleichzeitige Veränderungen am menschlichen Urtyp
Ausserplanetarische Kolonisation

Science Fiction hat sich zu einer populären Literaturform entwickelt. Das beste davon wird zur Psy-Phy, der Psychologie der Physik. Fernsehen und Film widerspiegeln ebenfalls ein wachsendes Interesse an der mutierten Zukunft. Wie dem auch immer sei – es ist interessant festzustellen, dass nur wenige Science Fiction-Schriftsteller fähig sind, sich ein Bild von der höheren Intelligenz zu machen. Dieses Unvermögen, einer harmonischen und erfolgreichen Zukunft im einzelnen Ausdruck zu verleihen, ist auf die Natur des Nervensystems zurückzuführen. Raupen können nicht mit überzeugendem Realismus über nach-larvales Leben schreiben.

Seit der »HEAD*-Revolution« der sechziger Jahre dieses Jahrhunderts sind die Hauptgrundsätze neurologischer und realitätsbezogener Veränderung weitgehend akzeptiert worden. Da Begriffe wie **Prägung, Serien-Prägung** und **Neu-Prägung** nicht oft verwendet werden, ist ein zunehmendes Akzeptieren jener Vorstellung zu verzeichnen, wonach jedes Nervensystem seine eigene Wirklichkeit hervorbringe. Die unfeine, sogar zynische Reaktion auf diese ontologische Entdeckung besteht aus einem toleranten Lächeln und den Worten: »Jeder ist auf seine eigene Art verrückt; kümmere dich um deine eigenen Angelegenheiten; mach mich nicht madig.«

Die nächste neurologische Stufe besteht darin, dass man seine Verantwortung akzeptiert und sagt: »Da unsere Prägungen die Wirklichkeit bestimmen, lasst uns Wirklichkeiten aussuchen, die so phantastisch und faszinierend wie nur möglich sind. Nahezu alles, was wir erdenken, können wir auch verwirklichen.«

Wenn sich die Exo-Psychologie vorstellen kann, dass sich die menschliche Intelligenz auf ausserirdische Dimensionen ausbreitet, ist es somit neurologisch nicht machbar, diese herausfordernden Möglichkeiten zu ver-wirklich-en? Wenn wir uns von der gelenkten Panspermia ein Bild machen können, so ist deren Existenz auch möglich. In der Tat können wir das selbst verwirklichen. Falls eine höhere Intelligenz das All nicht besät hat, so gibt es keinen Grund, dass **wir** das nicht tun können. Landwirtschaft ist schliesslich nichts anderes als »geführte Panspermia«.

Hier können die Gegensätze zwischen Evolutionisten und Kreationisten ausgeglichen werden. Unsere Genetiker können dazu beitragen, dass die Menschheit zum Spezies-Schöpfer wird – auf diesem Planeten und via interstellare Wanderung im All.

---

* *Hedonistic Engineering And Development*

Falls ein glaubwürdiger, achtbarer Gott nicht existieren sollte, so lasst Ihn/Sie uns auf alle Fälle erfinden. Wir benötigen jemand Anziehenden, um mit Ihm/Ihr zu sprechen.

Die Menschen haben Gott immer nach ihrem eigenen Bilde geformt. Die Neurogenetik ermöglicht nun der Menschheit:

1. Mit der höheren Intelligenz in Kontakt zu kommen, die möglicherweise den Evolutionsablauf bestimmt hat, oder
2. den Evolutionsprozess zu bestimmen und auf diese Weise höhere Intelligenz hervorzubringen.

Falls ein glaubwürdiger, achtbarer Gott nicht existieren sollte, so lasst Ihn/Sie uns auf alle Fälle erfinden. Wir **brauchen** jemanden, um mit Ihm/Ihr zu sprechen.
Zur Zeit sind dies alles einfach gelehrte, zukunftsbezogene Spekulationen. Es scheint jedoch wahrscheinlich, dass unsere Mikro-Hoffnungen und unsere Tele-Hoffnungen eine entsprechende Verwirklichung hervorrufen können.
Die Exo-Psychologie prophezeit, dass sich die höhere Intelligenz in der Mikrophysiologie des **DNS**-Code finden wird, und meint, dass die interessanteste Art, unsere Zeit zu investieren, in dem Versuch besteht, mit der höheren Intelligenz Kontakt aufzunehmen; dazu gehört auch die Hoffnung, dass unsere Neuronen und Aminosäuren zu einer Verbindung mit Ihm/Ihr fähig sind.

8. Neuromuskuläre Politik bestimmt genau die acht Formen der Freiheiten und der Kontrollen

Politik ist die Veräusserlichung von Gefühlen; säugetierhaftes, auf Muskelkraft beruhendes Verhalten, das vom (sympathischen) Notstands-Nervensystem vermittelt wird, um Territorien mit Beschlag zu belegen oder zu verteidigen.

> Gegen Ende des sechzehnten Jahrhunderts rüttelte Giordano Bruno die angeschlagene Welt auf, indem er dazu aufforderte, den Geist über die Planeten hinauszuschleudern. Er stellte Spekulationen an, wonach sich der Kosmos ins Unendliche ausdehnen würde – uferlos.
> Dies war an und für sich noch nicht so schockierend; Bruno ging jedoch bedeutend weiter, indem er eine Vielzahl von Welten postulierte – belebte Sonnen und Planeten, ungesehene Gefährten der menschlichen Rasse. Er spielte mit der Vorstellung, die sich der Mensch von sich selber machte; für dies sowie für magisch begründete Forderungen und politische Verwicklungen ist er um 1600 verbrannt worden.
>
> *Charles A. Whitney*

Politik ist die Veräusserlichung von Gefühlen; säugetierhaftes, auf Muskelkraft beruhendes Verhalten, das vom (sympathischen) Notstands-Nervensystem vermittelt wird, um Territorien mit Beschlag zu belegen oder zu verteidigen.

Es gibt vier Stufen irdischer Freiheit, vier Zustände der Dienstbarkeit und vier Stufen des sozialen Zusammenschlusses, die alle mit dem grundlegenden säugetierhaften, mesomorphen Drive »nach oben« zu gelangen in Verbindung stehen. Es gibt ebenso vier neurologische Freiheiten, welche für die nach-irdische Daseinsform charakteristisch sind.

1. **Biologische, viszerotonische (eingeweidebezogene) Freiheit,** jemandes Leben und Gesundheit zu schützen und die Einschränkung von Handlungen, die das zelluläre Überleben anderer bedrohen. Persönliche Gesundheit. Öffentliches Gesundheitswesen. Zugang zu lebensnotwendigen Vorräten. Ausdruck und Beherrschung der Gewalt.

2. **Territoriale Freiheit,** seinen Lebensraum zu erhalten und sich frei zu bewegen; Einschränkung, in den Lebensraum eines anderen einzudringen oder Kontrolle über die Beweglichkeit anderer auszuüben.

3. **Technische, zerebrotonische (gehirnbezogene) Freiheit** Geräte herzustellen, zu besitzen, zu gebrauchen und Symbole zu übermitteln. Einschränkung in bezug auf Anwendung von Gewalt, um anderen die Geräte wegzunehmen oder deren Symbolsysteme zu zensurieren.[*]

4. **Kulturelle Freiheit,** seinen Lebensstil und seine sozio-sexuelle Rolle zu wählen. Einschränkung, sich in das Werben, in die Paarungs-Riten, Personifizierungsarten und häuslichen Sitten anderer einzumischen.

Diese larvalen Grund-Freiheiten und Einschränkungen bestimmen die muskuläre Politik der materiellen, Newtonschen, irdischen, gravitationsbezogenen Existenz.

---

[*] Dieses Buch entstand im Gefängnis unter der allseits bekannten Drohung, von Extremisten der Linken und Rechten ermordet zu werden. Dieses Manuskript hat – bestenfalls – eine gleichwertige Chance, publiziert zu werden. Die Exo-Psychologie ist keineswegs eine aus Abstraktionen bestehende Lehnstuhl-Philosophie; sie ist im Rahmen der gefährlichen Wirklichkeit larvalen Lebens auf diesem Planeten geschmiedet worden.

Die Politik der ausserirdischen Einsteinschen Existenz betrifft die Freiheit und die Beherrschung von Energien innerhalb des menschlichen Körpers und der Atomstruktur.

Als nächstes betrachten wir die Politik der **Zeit**.

Die Politik der ausserirdischen Einsteinschen Existenz betrifft die Freiheit und die Beherrschung von Energien innerhalb des menschlichen Körpers, des Nervensystems, des **DNS**-Code und der Atomstruktur.

5. **Somatische Freiheit,** seine eigenen Körperfunktionen und den Sinnes-Input unter Kontrolle zu halten. Einschränkung, sich in die Körperfunktionen oder in die Sinnes-Aufnahme eines anderen einzumischen. Die Einschränkung, andere unfreiwillig unter Stimulantien zu setzen. Insbesondere impliziert dies auch die Freiheit, jegliche Art von Drogen oder Nahrung aufzunehmen und jede gewünschte erotische Stimulation zur Anwendung zu bringen – dabei bleibt die Einschränkung bestehen, niemanden ohne dessen Einwilligung unter Drogen zu setzen, zu quälen oder einer erotischen Stimulanz auszusetzen.

6. **Neurophysiologische Freiheit,** das eigene Nervensystem zu erweitern, zu beschleunigen und unter Kontrolle zu halten; dies gilt auch für das elektronische Senden/Empfangen. Die Freiheit, von dem Planeten auszuwandern. Die Einschränkung, sich in die Gehirn-Belohnungsprozesse und das neuroelektrische Senden/Empfangen anderer einzumischen. Einschränkung in bezug auf das Einmischen in die ausserplanetarischen Pläne anderer.

7. **Die genetische Freiheit** aller Lebensformen, zu leben und sich im Hinblick auf symbiotische Zusammenschlüsse zu entwickeln. Einschränkung in bezug auf **Handlungen,** welche die Entwicklung anderer Lebensformen bedrohen. Dies schliesst insbesondere die Freiheit ein, genetische Forschung zu betreiben; die eigene Evolution und Symbiose zu erleichtern. Dazu gehört auch die Einschränkung genetischer Versuche, die verletzen, manipulieren, versklaven oder andere Lebensformen auf rassenmörderische Art behandeln.

8. **Die nukleare Freiheit** aller Lebensformen, eine Verschmelzung mit der metaphysiologischen Intelligenz zu erreichen: Forschung auf dem Gebiet der Nuklearteilchen zu betreiben. Einschränkung in bezug auf Handlungen, welche die Nuklearenergie dazu benutzen, das Leben und die Entwicklung anderer Lebensformen zu bedrohen.

Die Exo-Psychologie bezeichnet die acht Stufen der Revolutions-Offenbarung[*] als:

8. Nukleare Offenbarung (Quanten-Zeit)
7. Genetische Offenbarung (**DNS**-Zeit)
6. Elektronische Offenbarung (Gehirn-Zeit)
5. Hedonistische Offenbarung (Körper-Zeit)
4. Kulturell-sexuelle Revolution (»Bienenstock«-Domestikations-Kraft)
3. Technische Revolution (Mechanische Kraft)
2. Politische Revolution (muskulotonische Kraft)
1. Gewalt-Revolution (viszerotonische Kraft)

---

[*] Revolution ist Wechsel oder Mutation im materiell Äusserlichen. Offenbarung ist Wechsel oder Mutation auf dem Gebiet neurologisch-ausserirdischer Energie. *Revolution ohne Offenbarung ist Tyrannei; Offenbarung ohne Revolution ist Knechtschaft.*

Diese Grundformen larvaler Freiheiten und Einschränkungen bestimmen die muskuläre Politik materieller, Newtonscher, irdischer, gravitationsbezogener Existenz.

Die Exo-Psychologie umfasst auch acht soziale Gruppierungen:

       8. Zusammenschluss mit der Nuklearstruktur
      7. Symbiose
     6. Telepathie: Cyborg-Fusion
    5. Somatischer Zusammenschluss: Tantra, Natur-Kommunen, Raumkolonien
    4. Kulturell-ethische Gruppierungen (Bienenstock, Sippe)
   3. Technisch-professionell-besitzbezogene Gruppierungen
  2. Politisch-territoriale Gruppierungen
 1. Bio-Überlebens-Gruppierungen; militärisch-medizinisch

9. Eine neurologische Erkenntnistheorie: Wahrheit ist subjektiv, die Tatsache ist sozial

Dieses Buch stellt eine neurogenetische Erkenntnistheorie vor – eine Theorie darüber, was subjektiv wahr ist und was gemäss der allgemeinen Übereinstimmung als Tatsache zu betrachten ist.

Dieses Buch stellt eine neurogenetische Erkenntnistheorie vor – eine Theorie darüber, was subjektiv **wahr** ist und was gemäss der allgemeinen Übereinstimmung als **Tatsache** zu betrachten ist.

Es gibt acht Ebenen der Wahrheit.

1. Viszerotonische Bio-Überlebens-Wahrheit: die vom ersten Schaltkreis übermittelten neuralen Signale, welche vegetativ-zelluläre Sicherheit und Gefahr kennzeichnen. (Meine Zahnschmerzen.)

2. Gefühls-Fortbewegungs-Wahrheit: die vom zweiten muskulotonischen Schaltkreis übermittelten neuralen Signale, welche den territorialen Status kennzeichnen; Dominanz-Hilflosigkeit. (Mein Gefühl.)

3. L.M.-symbolische zerebrotonische Wahrheit: die vom laryngo-manuellen dritten Schaltkreis übermittelten neuralen Signale, welche meine Geräte und meine Symbole auseinanderhalten und verbinden.

4. Kulturell-domestizierte Wahrheit: die von der vierten Schaltkreis-Prägung vermittelten neuralen Signale, welche die sozio-sexuelle Rolle kennzeichnen. (Meine sozio-sexuellen Werte.)

5. Neurosomatische Wahrheit: physisch-sinnliche Signale, frei von larval-überlebensbezogenen Stichwörtern, die direkt vom fünften Schaltkreis registriert und übermittelt werden. (Meine Lust, meine Schönheit.)

6. Neurophysikalische Wahrheit: all die als bioelektrische Impulse registrierten, vom Gehirn empfangenen Signale. (Meine sympathischen Übertragungen.)

7. Neurogenetische Wahrheit: die von der **DNS-RNS** zum Gehirn gesandten Signale. (Meine **DNS**-Erinnerungen und Vorhersagen.)

8. Neuroatomare Wahrheit; vom Gehirn registrierte und übermittelte Atom-Nuklear-Quanten-Signale.

Jedes Nervensystem bringt seine eigenen Inselrealitäten hervor. Wahrheit wird durch das Leitungsnetz des individuellen Nervensystems bestimmt – geprägte und konditionierte Genetik. »Tatsache« ist, dass das menschliche Gehirn pro Minute mit mehreren Milliarden von den acht Schaltkreisen übermittelten Signalen fertig wird; es verändert dabei Muster und Schwingungen. Was auch immer die geprägt-konditionierten Symbol-Systeme des einzelnen diesen Energien auferlegen, ist »wahr« – obwohl es für andere keineswegs »wahr« sein mag. Johns Zahnschmerzen des ersten Schaltkreises bilden für seinen Zahnarzt das »klinische Problem« des dritten Schaltkreises.

Kinder zeigen die Prägung jener zellulären Überlebens-Affinitäten, die emotionellen-muskulären Reflexe, L.M.-Symbole und sozio-sexuelle Modelle ihrer Abstammungs-Kultur. Diese Sozialisierung larvaler Prinzipien und Konditionierungen ermöglicht eine übereinstimmende Kommunikation. Die Inselrealitäten des Kindes überschneiden sich mit jenen der Eltern und der lokalen Sippe. Das Kind erlernt die Bewegungen der Kehlkopfmuskeln und der manuellen Muskulatur, welche die zweckmässigen Symbole hervorbringen. Auf diese Weise

Jedes Nervensystem bringt seine eigenen Inselrealitäten hervor. Wahrheit wird durch das Leitungsnetz des individuellen Nervensystems bestimmt – geprägte und konditionierte Genetik.

werden ihm erkenntnistheoretische Spiele beigebracht. Diese sozialen Realitätsinseln enthalten Namen, um ganze Energiebündel zu bezeichnen und zueinander in Beziehung zu setzen. Den L.M.-Symbolen – Bezeichnungen und aufgrund von Assoziationen erlernte Folgerichtigkeiten – wird eine auf »Tatsachen« begründete semantische Bedeutung zugeschrieben. **Tatsachen** existieren nur innerhalb des beschränkten Rahmens dieses Spiels. Soziale Realitätsinseln erstellen Kriterien für die Definition von **Tatsache** und **Irrtum,** richtig und falsch; dies kann – oder mag auch nicht – in Beziehung zu jenen Erlebnissen stehen, die der einzelne als »wahr« oder »falsch« empfindet.

10. Eine neurogenetische häusliche Ethik: Gut ist subjektiv, Tugend ist sozial.

Tugendhaftigkeit und Sünde sind wechselwirksam-sozial. Jede kulturelle Gruppe erstellt Regeln des sittlichen Verhaltens; sie sanktioniert Handlungen, die zur Erhaltung des »Bienenstocks« beitragen.

Es gibt 12 larvale sozio-sexuelle Rollen, die sowohl vom Mann als auch von der Frau geprägt werden können.[*] Die Rollen werden übereinstimmend als »tugendhaft« oder »sündhaft« bewertet, je nach ihrer Bedeutung innerhalb des Domestikations-Stils der Gesellschaft und deren Subkulturen. Diese Rollen werden auf der Basis der Vierten-Schaltkreis-Prägung **subjektiv** als »gut« oder »schlecht« veranschlagt.

Die durch genetische sexuelle Schablonisierung und die zufällige Nähe der Jugendzeit gekennzeichnete Vierte-Schaltkreis-Prägung bestimmt die domestizierte Geschlechtsrolle; Ausdrucksweise und Gegenstand von Geschlechts-Ausdrucksweise/Hemmung, sexuelle Verkörperung. »Gut« ist, was die geprägte sexuelle Reaktion auslöst. »Gut« ist, was erregt und anzieht – was die Säfte des Geschlechtshaushalts zum Fließen bringt. »Gut« ist, was die Erfahrung »Ah, das ist es! Nun bin ich zuhause!« bewirkt. Es kann sich dabei um eine genitale Vereinigung handeln; um einen beschützenden »Elternkontakt«; um den Empfang von Signalen, die eine kollektive Sicherheit anzeigen; um soziale Anerkennung, Applaus, patriotische Symbole. Auch ein sado-masochistischer Kontakt oder ein Zusammenschluss auf laryngo-manuell-rhythmischer Ebene kann der Auslöser sein. »Schlecht« ist, was eine sozio-sexuelle Belohnung unterbindet oder bedroht. Für den domestizierten Primaten (der Mensch) sind »gut« und »schlecht« subjektive sexuelle Ausdrucksweisen (Genital, als Elternteil, oder sublimiert-verlagert). Zumeist im geheimen, sehr oft unbewusst.

Tugendhaftigkeit und Sünde sind gesellschaftlich wechselwirksam. Jede kulturelle Gruppe erstellt Regeln des sittlichen Verhaltens; sie sanktioniert Handlungen, die zur Erhaltung des »Bienenstocks« beitragen. Die Gesellschaft gründet sich auf der Kontrolle und Leitung sozio-sexuellen Verhaltens. Die einzelnen sozio-sexuellen Tugenden der Gruppe – emotioneller, symbolischer Art – werden gewöhnlich in den Anfangsgründen der Gruppe von dominierenden Führern bestimmt, die der Kultur die sexuellen Ausgefallenheiten ihres vierten Schaltkreises aufdrängen. Paulus mochte keine Frauen. Mohammed war polygam-ausbeuterisch veranlagt. Luther war väterlich. Da die meisten modernen Gesellschaften von machtorientierten, in der Menopause befindlichen Männern statuiert worden sind, neigen die Moralsysteme dazu, prüde, ausbeuterisch und chauvinistisch zu sein. Folglich werden Tugendhaftigkeit und Sünde von gesellschaftlichen Verpflichtungen bestimmt – wobei Tugend und Sünde stets sexuellen Ursprungs sind.

Die Verwandtschaft zwischen den zwölf Geschlechtsrollen bildet die Grundlage der Zivilisation.

Verschiedene Subkulturen sanktionieren gewisse sozio-sexuelle Rollen und ächten andere, die kunstvolle ethische Kodifikationen (Kodex) um die Vorlieben der Säugetier-Politiker errichten, welche ihrerseits die Macht in den Händen haben.

Es entstehen unheilvolle persönliche und soziale Konflikte (Schuld, Scham), weil das subjektive »gut« nicht gemeinhin mit der sozio-sexuellen »Tugendhaftigkeit« übereinstimmt.

---

[*] Diese zwölf Rollen sind ebenfalls Entwicklungsstufen, die im Teil II dieses Buches beschrieben werden. Während jeder Mensch im Verlauf der individuellen Entwicklung diese zwölf Stufen durchläuft, ist jeder von uns genetisch programmiert, auf eine der zwölf Rollen Nachdruck zu legen; in ihrer Kombination bilden sie das aus zwölf Elementen bestehende menschlich-gesellschaftliche Molekül.

11. Eine neurosomatische Ästhetik: Schönheit ist natürlich, Kunst ist künstlich

Wenn der »Mind« entdeckt, dass der »Körper« ein vielgestaltiges psychosomatisches Zen-Freuden-Laboratorium darstellt, dazu bestimmt, in der Null-Gravitation zu treiben – wobei jede Sekunde Billionen von Zellen fröhlich kopulieren –, so erscheinen die geprägten Belohnungen schal, unbeweglich und abgegriffen.

Es gibt acht Ebenen der Freude. Die vier larvalen Schaltkreise liefern belohnende, ermutigende Signale, auf dass die Überlebensleitungen zu den Inselrealitäten gesichert seien. Die vier nachlarvalen Freuden entstammen dem **direkten Gewahrsein** der natürlichen Energiesignale – von larvalen Prägungen befreit, vermittelt die biologische »Apparatur« auf harmonische Weise natürliche Energien.

Dieses Buch präsentiert eine neurologische Zen-Ästhetik – Schönheit wird dabei als naturbedingt definiert; Natürlichkeit als Schönheit. Wir unterscheiden hier abermals zwischen subjektiv-seelisch/körperlicher Freude und geprägt-erlernter Belohnung.

Die ersten vier Schaltkreise begrenzen das Bewusstsein auf das Leitungsnetz des Geprägten und Konditionierten. Sie stellen jene Dinge in den Brennpunkt, die physisch, gefühlsmässig, geistig und sozial lohnend sind. Der larvale Körper ist der Prägungsleitung angeschlossen und darauf traniert, innerhalb des Newtonschen Raums zielgerichtete spiel-orientierte roboterhafte Vorgänge zu vollziehen. Die Milliarden Signale, welche pro Minute aus dem Körper und dessen Sinnes-Empfängern in das Nervensystem strömen, werden durch Erkenntnis zensuriert und auf einer Reflexstufe des Hirnstammes durch das Bewusstsein ausgeschaltet. Die Überlebenstaktik ist offensichtlich. Der Körper ist ein aus Billionen Zellen bestehendes, polyorganisches Bio-Überlebens-Instrument. Falls sich das mit vier Hirnteilen ausgestattete Individuum in jene myriadenhafte Wellensymphonie polymorpher Signale einschaltet, wie sie von den Sinnen gefunkt werden, so könnte SiEr auf keine larvalen Überlebensverpflichtungen achten.

Das Gehirn »weiss« natürlich um die genaueste Einheit der Anatomie und Physiologie des Körpers und überwacht Millionen Signale pro Sekunde. Der larvale Roboter-Geist dagegen ist, was die Reflex-Reaktion betrifft, mit »Sklaven-Leitungen« versehen und ist unfähig, seine eigene »Apparatur« zu entziffern oder bewusst unter Kontrolle zu halten.

Jeder einzelne der vier larvalen Schaltkreise besitzt seine Belohnungs-Schmerz-Stichworte, die begrenzt und stereotypisiert sind: Vorlieben in der Nahrung, Gefühls-Stichworte, L.M.-symbolische Reflexe, sexuell-domestizierte Tröstungen. Wenn der »Mind« entdeckt, dass der »Körper« ein vielgestaltiges psychosomatisches Zen-Freuden-Laboratorium darstellt, dazu bestimmt, in der Null-Gravitation zu treiben – wobei jede Sekunde Billionen von Zellen fröhlich kopulieren – so erscheinen die geprägten Belohnungen schal, unbeweglich und abgegriffen.

Das Aktivieren eines »natürlichen Körperbewusstseins« bedeutet einen dramatischen Schritt innerhalb der Evolution. Die hedonistische Auferstehung des Leibes ist der erste Schritt in Richtung ausserirdischer Existenz; eine tiefgreifende philosophische Entdeckung, nichtsdestoweniger »geistig«, obgleich es in Zusammenhang mit anti-sozialem hedonistischem Verhalten steht, das dem domestizierten Erdbewohner verboten ist.

Wir haben dieses Auftauchen des fünften Schaltkreises als »Anrennen gegen die hedonistische Leere« definiert. Mit dem Zurücktreten der vier Neuro-Nabelleitungen entdeckt der

Die Menschen wären gut beraten, einander auf dieser Stufe der Evolution sachte zu behandeln, da die Mutation eine Zeit der Ungewissheit und Verletzlichkeit darstellt. In der Tat; weil das Individuum in seinem eigenen Leben die Evolution wiederholt, wäre es hilfreich, wenn dem Kinde auf jeder larvalen Stufe genau Informationen über die vorkommenden neurologischen Veränderungen gegeben würden. Wenn der Sachverhalt in bezug auf die Metamorphose erklärt würde.

»Mind«, dass »die Natur das Schöne darstellt«, dass die physische Funktion den Quell vergrösserter Lust bedeutet und dass es keine gesellschaftliche Belohnung oder irdische Befriedigung gibt, die mit Körperbewusstsein verglichen werden kann. Wir haben das Zen-Erlebnis des fünften, somatischen Schaltkreises als **Verzückung** bezeichnet; der Körper ist irdischen Verknüpfungen enthoben und bereit, sich in der Null-Gravitation interstellarer Existenz zu bewegen.

Das Vorhandensein des fünften Schaltkreises und des natürlichen Verzückungserlebnisses ist stets Gegenstand eines Tabus gewesen, das die Gesetzgebung der larvalen Gesellschaft geächtet hat. Letzteres deshalb, weil sie instinktiv erkannt hatte, dass die Hingabe und Verpflichtung des Menschen gegenüber gesellschaftlichen Belohnungen schwindet, sobald er in seinen/ihrem Körper ein Quell der Lust und der Offenbarung entdeckt. Es handelt sich dabei um die genetische Neigung, den sozialen Prägungen zu entfliehen. Historisch ist es kein Zufall, dass die Aesthetik des Verzückungserlebnisses von der wohlhabenden Aristokratie akzeptiert worden ist, die sich »über und ausserhalb« gesellschaftlicher Sanktionen befindet.

Wir haben gesehen, dass jeder in Erscheinung tretende neurale Schaltkreis dazu neigt, die vorausgehende Stufe als unreif zu betrachten. Der Säugling ist dem laufenden Kind gegenüber unreif. Das nachpubertäre, den neuen Erfahrungen und geheimen Entdeckungen des »Junge/Mädchen-Spiels« angepasste Wesen schaut mit amüsiertem, nachsichtigem Spott auf die Symbolmanipulationen der Vorpubertären.

Es stimmt ebenso, dass jeder einzelne der geprägten »Minds« neu sichtbar werdende, ihre Stabilität bedrohende Realitäten mit ängstlicher Missbilligung betrachtet.

Wir sprechen hier von »neurogenetischer Politik«; umgestaltendem Chauvinismus. Die im Wachstum des einzelnen vorhandenen Übergangsperioden – beim Auftauchen neuer Schaltkreise – sind stürmisch, unstet und verletzlich. Es ist allgemein bekannt, dass die Jugend eine solche Periode von **Sturm und Drang** darstellt. Das Sichtbarwerden einer neuen Person, einer neuen Tunnel-Realitäts-Identität, basiert auf komplexen biochemischen Veränderungen, auf komplizierten neuen Lebens-Leitungsnetzen von Millionen Nervenfasern, auf der Entwicklung und Übernahme durch höhere neurale Zentren, auf Einfluss gewinnenden neuen Prägungen und neuen bioelektrischen Mustern. Die Brüchigkeit dieser Neuro-Nabel-Übergänge wird nicht richtig begriffen. Der Übergang vom Zustand des ersten Schaltkreises, dessen Nachdruck auf der passiven Sicherheit liegt, zum zweiten Zustand der Beweglichkeit und Kraft, setzt das Nervensystem einer erschreckenden Verletzlichkeit aus; das Baby verlässt die Mutterarme, um sich dem Spiel im Hinterhof zu stellen. Der Jugendliche, mit seinem soeben aktivierten sexuellen Körper, sieht sich dem Druck ausgesetzt, eine soziale Identität zu entwickeln.

Die Empfindlichkeit dieses Vorgangs und die Dauerhaftigkeit der neuen »Fixprägung« ist sowohl erhaben als auch erschreckend. Mit dem Auftauchen jedes einzelnen Schaltkreises des Nervensystems entsteht eine neue Person.

Ebenso wie der Knospe die Blüte folgt, wandelt sich der mutmassliche Freistaat (Stufe 11) zum zentralisierten Reich (Stufe 12) und letzteres zum somatischen Hedonismus (Stufe 13). Um diesen Trend zu verlangsamen, verbietet der Sozialismus Rock'n'Roll-Musik.

Die neuen Erweiterungen der Realitätsinsel müssen miteinander verknüpft werden, ohne dass es zu einer Störung der früheren »Realitäten« kommt. Die neue »Person« muss integriert werden.

Das menschliche Wesen ist zurzeit eine verwirrte, verängstigte embryonische Kreatur, die vom Schaltkreis Vier zum Schaltkreis Fünf – von der irdischen zur ausserirdischen Existenz – mutiert. Die Menschen wären gut beraten, einander auf dieser Stufe der Evolution sachte zu behandeln, da die Mutation eine Zeit der Ungewissheit und Verletzlichkeit darstellt. In der Tat; weil das Individuum in seinem eigenen Leben die Evolution wiederholt, wäre es hilfreich, wenn dem Kinde auf jeder larvalen Stufe genaue Informationen über die vorkommenden neurologischen Veränderungen gegeben würden. Wenn der Sachverhalt in bezug auf die Metamorphose erklärt würde.

Unglücklicherweise objektivieren sich die unterschiedlichen Anforderungen der verschiedenen Prägungen in Form von Politik, Dogma und Ethik. Neurologische Unterschiede sind als soziale Konflikte »exstitutionalisiert«. Die Furcht, welche Kinder und larvale Erwachsene als Antwort auf den Änderungszwang empfinden, der Argwohn gegenüber den verschiedenen Begriffen der Realität, die Unfähigkeit, sich der Veränderung anzupassen, werden von der grundlegendsten larvalen Unsicherheit verursacht, dem Verlust der Verbindungen, die auf der Neuro-Nabel-Prägung beruhen.

Der Übergang vom vierten zum fünften Schaltkreis ist kompliziert, weil er als anti-sozial erachtet worden ist. Die Gefahren des Hedonismus! Die gesellschaftlich gefährliche Entdeckung des Verzückungs-Schaltkreises: »Meine natürlichen Körpergefühle sind wohltuender und interessanter als territoriale Gesellschafts-Belohnungen. Ich will frei und high bleiben. Irdische Angelegenheiten sind roboterhaft.«

Im Verlauf der sechziger Jahre haben die Präsidenten Johnson und Nixon deutlich erkannt, dass die amerikanische Arbeits-Ästhetik durch den Hedonismus bedroht wurde. Während die jungen Männer das Interesse verloren, an weit abgelegenen Gestaden zu kämpfen, zog man in den Gewerkschaftsansprachen ominöse Vergleiche mit dem »Fall des Römischen Reiches«. Die irrigen Folgerungen besagten, dass der Hedonismus das Reich korrumpierte; wäre der Zerfall unter Kontrolle zu bringen, würde sich das Reich weiterhin ausbreiten.

Der unbewegliche Moralismus von Johnson-Nixon versäumte es, die zyklenhafte Beschaffenheit der Geschichte wahrzunehmen. Ebenso wie der Knospe die Blüte folgt, wandelt sich der mutmassliche Freistaat (Stufe 11) zum zentralisierten Reich (Stufe 12) und letzteres zum somatischen Hedonismus (Stufe 13). Um diesen Trend zu verlangsamen, verbietet der Sozialismus Rock'n'Roll-Musik.

In der Vergangenheit führte der Hedonismus stets zum Zerfall des Reiches; dessen Eroberungen konnten mit der persönlichen Verzückung nicht konkurrieren. Aus diesem Grunde ist der Hedonismus von larvalen Historikern nie als evolutionärer Fortschritt, sondern als eine gesellschaftliche Bedrohung erkannt worden. Sobald das somatische Nervensystem nach Gutdünken an larvale Prägungen angeschlossen oder von demselben losgelöst werden kann, ist der erste Schritt zur Abkehr vom geprägten Roboterdasein vollzogen. Das fünfte Gehirn beginnt direkt die erste Sprache der Natur – die metakulturelle Biochemie des Körpers – zu senden/empfangen. Wenn das Individuum Kontrolle über die neurosomatischen Funktio-

Die körperliche Offenbarung ist gewohnheitsmässig von jedem gesellschaftlich-ethischen System als amoralisch verurteilt worden, während sie gleichzeitig von jenen Ästheten beredsam gepriesen wurde, die sich in das somatische Netzwerk eingeschaltet haben.

nen erlangt, die Lustgefühle des Körpers wählen und einschalten kann, dann vollbringt SiEr den ersten Schritt zur Beherrschung des Nervensystems.

In dem Buch *The Principles and Practice of Hedonic Psychology*[*] ist ein noch unverarbeiteter Versuch unternommen worden, zu einer Wissenschaft der Neurosomatik, einem System der Psychologie der Lust, anzuregen. Hedonismus stellt nicht einen Endpunkt dar, sondern muss als Übergangsphase der Evolution in Richtung ausserirdischer Existenz gesehen werden.

Das Auftauchen der hedonistischen Psychologie in den sechziger Jahren ist mit offizieller Geringschätzung und Anklage aufgenommen worden. Larvale Politiker sahen genau die kulturelle Gefahr des Hedonismus. Die neurosomatische Sicht befreit den Menschen von der Hingabe an »Bienenstock«-Belohnungen (die nun als roboterhaft betrachtet werden) und eröffnet Blickwinkel natürlicher Befriedigung und metasozialer ästhetischer Offenbarung. Letztere lautet: »Ich kann meine inneren, somatischen Funktionen beherrschen, auf dass die einfliessenden Stimulanzen selektioniert, gewählt und abgestimmt werden, und zwar nicht auf der Basis von Sicherheit, Macht, Erfolg oder gesellschaftlicher Verpflichtung, sondern in Begriffen ästhetischer und psychosomatischer Weisheit. Sich wohl zu fühlen. Den irdischen Einflüssen zu entfliehen.«

Seit den »neurologischen« Sechzigern haben wir ein Aufblühen der Sinnlichkeit von seiten des Konsumenten und des Interesses am Körper beobachtet. Massage, Sinnestraining, Yoga, Kampfspiele, Diät, Reformkost-Marotten, erotische Spiele. Der »neue Hedonismus« ist eine Manifestation der ersten Anfänge des Fünften-Schaltkreis-Zen-Bewusstseins.

Der auslösende Faktor innerhalb dieser Mutation des fünften Schaltkreises war natürlich die Entdeckung neurosomatischer Drogen. In den sechziger Jahren entdeckte die Bevölkerung technisierter Gesellschaften, dass neurosomatische Wirkstoffe den Körper »antörnen« und eine Flucht aus den irdischen Realitätsinseln verschaffen. Der Moment dieser Entdeckung kommt für die meisten einer ethischen Explosion gleich. Die körperliche Offenbarung ist gewohnheitsmässig von jedem gesellschaftlich-ethischen System als amoralisch verurteilt worden, während sie gleichzeitig von jenen Ästheten beredsam gepriesen wurde, die sich in das somatische Netzwerk eingeschaltet haben. Das Problem der neurosomatischen Verzückung liegt jedoch in der Tatsache, dass es sich dabei um eine nach-larvale Reaktion handelt, und dass sie Überlebensnutzen und irdische Existenz durcheinanderbringt.

Die Fähigkeit, somatische Sinneswahrnehmungen zu empfangen, zu integrieren und zu übermitteln, den Körper als Zeit-Schiff unter Kontrolle zu haben, ist für eine ausserplanetarische Existenz nötig, kann jedoch für das irdische Dasein eine Verwirrung darstellen. Die Drogenkultur der sechziger Jahre brachte Millionen verzückter Hedonisten, Sensualisten, Hippies und Naturliebhaber hervor, die, von sozialen Fesseln befreit, umherschwebten, jedoch keinen Platz zur Verfügung hatten, wo sie sich hinwenden konnten. Einige Zen-Philosophen machten aus dieser Ziellosigkeit zynisch eine Tugend. So etwa Werner Erhard, indem er die Bedeutungslosigkeit des Lebens glorifizierte.

---

[*] *Psychology Today,* Januar 1973.

In hochstehenden Zivilisationen der Vergangenheit war der fünfte Schaltkreis von Eingeweihten und Hedonisten erreicht worden, welche die geschulte Tradition sinnlicher Wonne hervorgebracht hatten. Somatische Kunst ist die Zen-Ästhetik des unverhüllt Natürlichen. Der direkte Stimulus arbeitender Symbole. Neurosomatische Kunst lässt den Körper »high« werden.

Die Aktivierung des fünften Schaltkreises markiert das Anfangsstadium interstellarer Existenz. Hippies und Zen-Meister sind an die Erde gebundene Schmetterlinge; neurologisch zum Fliegen bereit, sind sie technisch dazu nicht vorbereitet. Anstatt als harmlose Verkünder einer kommenden Mutation gepriesen zu werden, sind sie im voraus geschädigt und in den Untergrund getrieben worden.

Musiker, Dichter, Künstler, Ästheten sind seit jeher traditionsgemäss die Verfechter neurosomatischen Bewusstseins und von Drogen, welche die Sinneserfahrung erhöhen, da der fünfte Schaltkreis die ästhetische Stufe der Wirklichkeit bestimmt. Die Einsteinsche Relativität der direkten Sinnlichkeit, des Natürlichen. Der Zen-Einblick. »So ist es: schön«.

Schönheit liegt im neurosomatischen »Ich« des jeweiligen Beobachters.

Jeder Schaltkreis des Nervensystems besitzt sein eigenes geprägtes Kriterium für »wohltuend« und »lohnend«. Auf Schaltkreis 1 können Mutters Schürze oder ein Gewehr wohltuend sein. Sicherheit ist schön. Schaltkreis 2 empfindet jene Stimuli als erfreulich, die Vorherrschaft und Beweglichkeit versprechen. Auf Schaltkreis 3 erscheinen die L.M.-Symbol-Belohnungen als schön; eine 100 Dollarnote. Auf Schaltkreis 4 findet sich der Sperma-Ei-Stimulus – »the girl's underpants«, an die uns Kurt Vonnegut erinnert. Diese positiven Stichworte werden aufgrund ihrer prägungskonditionierten Belohnung umworben und nicht um der ästhetischen Freude des natürlich »Gesehenen« willen.

Die larvale Belohnungsfreude ist in Form von »Show-Business« und gesellschaftlicher »Kunst« institutionalisiert worden. Der gewandte Künstler wählt unbewusst jene Stimuli, welche die gesellschaftliche Konditionierung mit Begriffen wie sicher-gefährlich, kraftvoll-schwach, fähig-dumm und sexuell erregend in Verbindung gebracht haben. Die Kriterien im Hinblick auf das, was als künstlerisch erfolgreich erachtet wird, sind stilisiert, gesellschaftlich konditioniert, in Form von larvalen Symbolen angelernt. Die Verzückung des fünften Schaltkreises ist dennoch die Antwort der Sinnesorgane auf eine natürliche, von irdischer konditionierter Bedeutung getrennte Stimulation.

In hochstehenden Zivilisationen der Vergangenheit war der fünfte Schaltkreis von Eingeweihten und Hedonisten erreicht worden, welche die geschulte Tradition sinnlicher Wonne hervorgebracht hatten. Somatische Kunst ist die Zen-Ästhetik des unverhüllt Natürlichen. Der direkte Stimulus ableitender Symbole. Neurosomatische Kunst lässt den Körper »high« werden.

Der Ursprung zahlreicher Formen gesellschaftlicher Kunst bildet jemandes neurosomatisches Signal, das »sozialisiert« – als »künstlerisch« geprägt und gelernt – worden ist.

Zurzeit haben uns unsere wissenschaftlichen Erkenntnisse um die Körperfunktion – verbunden mit unserem technischen Überfluss, insbesondere auf dem Gebiet der Geburtenkontrolle – zu einem Punkt geführt, wo der fünfte Schaltkreis durchbricht. Die Menschen widmen dem Körperbewusstsein mehr Zeit; sie lernen, wie man sich in die Körpersprache einschaltet, wie man somatische Yogaformen beherrscht, die eine genaue Kontrolle über die Körperfunktionen verschaffen.

Der Ursprung zahlreicher Formen gesellschaftlicher Kunst bildet jemandes neurosomatisches Signal, das »sozialisiert« – als »künstlerisch« geprägt und gelernt – worden ist.

Wie dem auch sei, Schönheit und Verzückung sind keine in sich selbst ruhenden Endpunkte der Evolution, sondern einleitende Vorbereitungen auf die ausserirdische Existenz einer sich neurogenetisch entwickelnden Spezies.

12. Neurogenetische Ontologie: Es gibt acht anatomische Ebenen der Wirklichkeit

Bewusstsein wird als vom Organismus aufgenommene Energie definiert; Intelligenz wird als vom Organismus übertragene Energie aufgefasst. Für das menschliche Wesen bilden die Organismen neurale Schaltkreise und deren anatomische Verbindungen.

Dieses Buch stellt eine neurogenetische Ontologie vor – eine Theorie über die acht Ebenen der Wirklichkeit und deren gegenseitige Beeinflussung.

Die gesamte Wirklichkeit ist neurologisch bedingt – Muster von Impulsen, die von neuralen Organismen empfangen, gespeichert und weitergeleitet werden. **Bewusstsein wird als vom Organismus aufgenommene Energie definiert; Intelligenz als vom Organismus übertragene Energie. Für das menschliche Wesen bilden die Organismen neurale Schaltkreise und deren anatomische Verbindungen.** Bitte lesen Sie die letzten drei Sätze wiederholt durch.

Seit Tausenden von Jahren haben Ontologisten nutzlose Spekulationen über die Natur der Wirklichkeit angestellt. Es gibt in dieser Beziehung keinen Platz mehr für Diskussionen. Gewiss bestimmt das Nervensystem jeden Aspekt menschlicher Realität. Was »wirklich« ist, sind jene Dinge, die von den Nervenenden registriert, auf neuralen Erinnerungsbahnen kodifiziert und von Nervenzellen übertragen werden.

Die ontologische Frage ist so leicht zu beantworten, dass wir uns wundern, wieso diesbezüglich je Verwirrung geherrscht hat. Schliesslich ist der Blutkreislauf vor vier Jahrhunderten begriffen worden. Der Organismus des Nervensystems, das zelluläre Leitungsnetz der Sinnesorgane und die Verbindungen zum Gehirn sind anatomisch so offensichtlich, dass man nicht versteht, dass frühere Anatomen und Physiologen nicht fähig waren zu erkennen, dass das Nervensystem Sitz des Bewusstseins ist und somit die Lösung manch ontologischer, das menschliche Denken quälender und verwirrender Fragen darstellt. Vielleicht sehen wir uns hier einer anderen, ersonnenen und beabsichtigten Dummheit gegenüber – einer schützenden Kurzsichtigkeit, ein Tabu der Spezies, um jene Schritte zu verhindern, welche Bewusstsein und intelligenzerweiternde Prozesse zu erklären versuchen. Diese Tatsachen des Nervensystems sind dem Roboter zu unbequem und den larvalen theologischen und politischen Systemen gegenüber allzu herausfordernd. Die Zeiger der evolutionären Uhr sind noch nicht weit genug vorangeschritten, als dass die Spezies den neurologischen Tatsachen ins Gesicht sehen könnte und die Roboter fähig wären, ihre eigene Schaltungstechnik zu entziffern.

Man überlege sich das traurige Schicksal von Julien Offray de Lamettrie, dessen futuristischer Genius verursachte, dass er seiner medizinischen Posten enthoben und nach Holland ins Exil getrieben wurde:

> Lamettrie zeigte mit Hilfe vergleichender Methoden die Verwandtschaft zwischen dem Menschen und anderen Lebewesen auf; er führte dies bis zu einer Evolutionstheorie in bezug auf Organismen weiter. Er behauptete, dass psychisches Leben bereits auf der niedersten Stufe der Evolution zu beobachten sei. **Indem er die Funktionen des Gehirns erforschte, versuchte Lamettrie dessen verschiedene Entstehungsformen festzustellen, die für die Entwicklung des geistigen Lebens von grösster Bedeutung sind.** Er protestierte auch gegen eine Bewertung des moralischen Charakters des Menschen, da diese von der Billi-

Man kann sich nicht über sein Robotertum hinausentwickeln, ehe man begreift, wie allumfassend man roboterisiert worden ist.

gung religiöser Doktrinen abhängt. Obgleich Lamettrie als plumper Materialist beschrieben worden war, hatte er gleichwohl idealistische Philosophen beeinflusst.

Dieser Sündenbock des im achtzehnten Jahrhundert herrschenden Materialismus ist von vielen getadelt und verachtet worden, die nicht eine einzige Seite seiner Bücher gelesen hatten.

Sein bekanntestes Werk ist *L'Homme Machine*.

Vierhirnige Menschen können eine wissenschaftliche Neurogenetik nicht akzeptieren, welche der Wirklichkeit ihren Platz innerhalb des sich stets veränderten Flusses des Nervensystems einräumt und nicht in der bequemen Sicherheit geprägter, konditionierter Realitätsinseln. »Die Maschine Mensch« ist für jene, die nicht bereit sind sich über die niederen roboterhaften Schaltkreise hinauszuentwickeln ein unerträglicher Gedanke.

Man kann sich nicht über sein Robotertum hinausentwickeln, ehe man begreift, wie allumfassend man roboterisiert worden ist. Eine prägnante Darlegung dieses Punktes findet sich in Gurdjieffs Bemerkungen zur Mechanisierung, wie sie von Ouspensky zitiert werden: *Auf der Suche nach dem Wunderbaren.*

Die Exo-Psychologie weist darauf hin, dass es so viele Formen der Wirklichkeit gibt, wie neuroanatomische Organismen zum Senden/Empfangen von Signalen vorhanden sind. Genau so, wie sich die sieben neuroanatomischen Schaltkreise entfalten, tun dies auch sieben breitgefächerte Klassen der Realität.[*]

1. **Die erste Realität, bio-zellulärer Art,** ist die geprägte-konditionierte Welt des Säuglings, wie sie in den viszerotonischen Überlebenstechniken des Erwachsenen fortbesteht.

2. **Die zweite Realität, lokomotorisch-muskulärer Art,** ist die geprägte-konditionierte Welt des krabbelnden, lärmenden, schreitenden Kindes, wie sie in den emotionellen-politischen Techniken der Erwachsenen fortbesteht.

3. **Die dritte Realität – vom linksseitigen Kortex vermittelt –** ist die geprägte-konditionierte Welt des Kindes, das die Manipulationen der L.M.-Symbolik erlernt. Sie findet in der linguistischen Technik des Erwachsenen ihr Fortbestehen.

4. **Die vierte Realität** ist die geprägte, konditionierte Welt domestizierter sozio-sexueller Verantwortung.

5. **Die fünfte Realität** – Körperbewusstsein – umfasst die vom Körper aufgenommenen direkten, natürlichen Signale. Letztere sind unzensuriert von Überlebensprägungen und selektierendem Wissen um die Anforderungen der Schwerkraft.

6. **Die sechste Realität** ist die Prägung des Nervensystems für, von und bis zu sich selbst. Einsteinsches Bewusstsein, das nicht mehr länger an larvale Schaltkreise oder an den Körper festgefroren ist. Gehirn-Realität ist ein relativisitischer, wechselnder Niagara von Millionen bioelektrischen Signalen, die um ein dreissig Milliarden Zellen umfassendes Sendernetz her-

---

[*] **Die achte Realität** ist metaphysiologischer-metabiologischer Art und schliesst aus der Quantensprung-Zelle hinausgeschleuderte Bewusstseinsintelligenz mit ein. Siehe die Publikationen der Physics-Consciousness Research Group von Sarfatti, Sirag, Herbert et al.

Die Exo-Psychologie weist darauf hin, dass es so viele Formen der Wirklichkeit gibt, wie neuroanatomische Organismen zum Senden/Empfangen vorhanden sind.

umschwirren. Die Erklärung »das Bewusstsein ist nicht länger eingefroren« ist keine Metapher; sie bezieht sich auf den Austausch biochemisch-elektrischer Signale auf der sympathischen Ebene, welche den Fluss der Signale von routinemässigen Mustern befreien. Der Ausdruck »statische, geprägte-konditionierte Welt« bezieht sich auf via neurales Leitungsnetz gespiesene, mit den Realitätsinseln verbundene Programme.

7. **Die siebte Realität** besteht aus jenen **RNS**-Signalen, die das Nervensystem aus **DNS**-Molekülen innerhalb der Zelle empfängt. Genetische Botschaften, die zur symbiotischen Telepathie zwischen den Spezies führt. Da die Realität vom neuralen Organismus registrierte Energie verkörpert, können wir nur jene Dinge »sehen«, die wir organisch und begrifflich zu empfangen bereit sind. Auf dem siebten Schaltkreis werden **DNS-RNS**-Signale auf Abruf gespeichert.

13. Eine interstellare neurogenetische Teleologie

S.M.I².L.E.
Space Migration – Auswanderung ins All
Intelligence Increase – Intelligenz-Steigerung
Life Extension – Lebens-Verlängerung

Die Exo-Psychologie definiert eine interstellare Neurogenetik, indem sie den durch die **DNS** vorprogrammierten Verlauf der individuellen und speziesbezogenen Evolution umreisst.

Ein vollständiges philosophisches System schliesst im allgemeinen folgende Punkte ein:

1. Eine kosmologische Erklärung zu der Frage, woher wir gekommen sind und wie alles seinen Anfang genommen hat.
2. Eine politische Theorie, die jene Faktoren erklärt, welche sowohl in den zerstörerischen als auch in den harmonischen Ausdrucksformen territorialer Selbständigkeit, Kontrolle, Freiheit, Einschränkung und Beweglichkeit zum Ausdruck kommt.
3. Eine Erkenntnistheorie, welche die Begriffspaare Wahr-Unwahr, Richtig-Falsch definiert.
4. Eine ethische Erklärung von Gut-Schlecht, Tugend-Sünde.
5. Eine ästhetische Definition von Schön-Hässlich, Künstlerisch-Unkünstlerisch.
6. Eine Ontologie, welche das Spektrum der Wirklichkeiten bestimmt.
7. Eine genetische Teologie, die erklärt, wohin die biologische Evolution steuert und wie das Ganze enden wird.
8. Eine letztendliche neuroatomare Eschatologie, die erklärt, was passiert, wenn das Bewusstsein den Körper verlässt.

Ziel des Lebens ist:

S.M.I².L.E.
Space Migration – Auswanderung ins All
Intelligence Increase – Intelligenz-Steigerung
Life Extension – Lebens-Verlängerung

Wir sind dazu bestimmt, unsere Köpfe zu gebrauchen (I^2), um die Zeit anzuwenden (L.E.), um das All zu benutzen (S.M.).

Von diesen drei Geboten ist die Intelligenz-Steigerung das bedeutendste.

Lebens-Verlängerung und Auswanderung ins All sind erreicht, sobald der Mensch gelernt hat, wie er sein Gehirn als Instrument für folgende Punkte einsetzen kann:

4. Selektives Neuprägen der vier irdischen Schaltkreise,
5. Kontrolle über den Körper,
6. Völlige Beherrschung des Erschaffens multipler Wirklichkeiten mit Hilfe serienmässigen Neuprägens,
7. Prägung (d. h. erfahrungsmässiges Identifizieren mit dem DNS-Code),
8. Entziffern von Nuklear-Quanten-Intelligenz.

14. Eine metaphysiologische, neuroatomare Eschatologie: Biologie entwickelt sich zur Quanten-Gravitations-Bewusstseinsintelligenz

Die Egozentrik und die Geozentrik larvaler Philosophie hat die menschliche Intelligenz in ihrer Verwandtschaft mit anderen Formen überschätzt; insbesondere den DNS-Code und den Atomkern.

Die letztendliche Frage lautet: Was ist der Endpunkt biologischer Entwicklung?

Der Exo-Psychologe antwortet: Bewusstseinsintelligenz mutiert, indem sie sich mit den in Nuklear-Quanten-Gravitations-Kraftfeldern vorhandenen metaphysiologischen Organismen verschmilzt, wobei sie von denselben zugleich absorbiert wird.

Neurologisch gesehen, könnte man sagen, dass das Auftauchen eines jeden neuen neuralen Schaltkreises einen als »Tod-Wiedergeburt« zu bezeichnenden Vorgang miteinbeziehe. Das Neugeborene mausert sich und wird zum sich fortbewegenden Kleinkind. Obwohl sich die »Wirklichkeit« des Säuglings von jener des »gleichen« achtzehnjährigen Individuums sicherlich unterscheidet, bleibt es mit dem »ersten« Gehirn – als Teil des sich entwickelnden neuralen Leitungsnetzes – verbunden. Daher bestimmt in der Entwicklung des Individuums das Auftauchen neuer neuraler Schaltkreise eine Reihe inkorporierender Reinkarnationen: Metamorphosen.*

Die Genetik bestimmt eine andere, länger dauernde Form des Fortbestehens. Der **DNS**-Code ist dazu geschaffen, sich selbst am Leben zu erhalten, unsterblich zu bleiben. Falls wir, wie dies die Exo-Psychologie vorschlägt, die **DNS** prägen und das bewusste Entziffern der **RNS**-Signale erlernen können, ist es uns möglich, den **DNS**-Zeitplan zu erfahren, der das Programm der neuralen Evolution auf drei Milliarden Jahre zurück und mehrere Milliarden Jahre in die Zukunft enthält. Das **DNS**-Verzeichnis und die von Körper und Nervensystem aufgenommenen Erinnerungssignale, welche letzteres ununterbrochen »vorwärtstreibt«. Jeder von uns lebt folglich via **DNS**-Absorption weiter.

Neurologische und genetische Reinkarnations-Prozesse sind jedoch nach wie vor biologisch. Bewusstseinsintelligenz auf der Stufe von Nervenzellen und Proteinmolekülen kann offensichtlich nicht mit dem Ausmass, der Geschwindigkeit und der Kraft subnuklearer Prozesse verglichen werden.

Die Egozentrik und die Geozentrik larvaler Philosophie hat die menschliche Intelligenz in ihrer Verwandtschaft mit anderen Formen überschätzt; insbesondere den **DNS**-Code und den Atomkern. Die larvale Wissenschaft hätte uns im Glauben gelassen, dass das Universum aus chemischen Elementen und Atomteilchen bestünde, die in blinder Passivität gegenüber den physikalischen Gesetzen funktionieren; dass an einem gewissen Punkt der Erdgeschichte bestimmte Moleküle zufällig durch Blitze dazu gebracht worden sind, Protein-Nukleotide zu bilden, welche durch Zufall zu replizieren begannen; dass sich zudem über den Prozess einer zufälligen Auswahl und Mutation die biologischen Formen entwickelt hätten. Den Gipfel dieses wahllosen Evolutionsprozesses – so sagt man uns – bildet der **Homo sapiens.** Der »Mensch« wird als die einzige selbstbewusste, intelligente Lebensform dieses Planeten – und möglicherweise im ganzen Universum – erachtet!

---

* Die Exo-Psychologie sagt voraus, dass innerhalb der Entwicklung des einzelnen Kindes jeder Aktivierung eines unentwickelten Schaltkreises eine Vor-Mauserungs-Krise vorangeht. Psychologen und aufgeklärte Eltern werden in Zukunft lernen, diesen Krisen zuvorzukommen, deren Sichtbarwerden zu erkennen und das Kind durch diese ungefestigten Phasen hindurchzubegleiten.

Der genetische Code besteht gewiss nicht aus einer zufälligen Adhäsion von Molekülen. Er stellt eine »dienliche« Botschaft dar, eine energetische, von einer metabiologischen Intelligenz hervorgebrachte Vorschrift.

Die Exo-Psychologie weist darauf hin, dass diese schmeichelhafte Selbstbewertung falsch ist – ein Irrtum, der zur Arroganz und zu dem erschreckenden Pessimismus führt, der die menschliche Philosophie kennzeichnet.

Vom Standpunkt der Exo-Psychologie aus gesehen, sind alle biologischen Lebensformen vergängliche, von der **DNS** erschaffene Roboter, um darin das genetische »Gehirn« – die **DNS** – unterzubringen und zu transportieren. Gerade so, wie der L.M.-Mind des dritten Schaltkreises Maschinen ersinnt und konstruiert, die menschlichen Bedürfnissen dienen sollen, so hat die **DNS** zerbrechliche, replikable Organismen – inklusive den Menschen – hervorgebracht. Es ist für den menschlichen Geist offenbar schwer, sich von der Überlegenheit der **DNS** gegenüber der menschlichen Intelligenz ein Bild zu machen. Die Komplexität und die Zeitspannen, die bei der **DNS** mit im Spiele sind, stehen so hoch über der menschlichen Intelligenz wie der Mensch im Vergleich zu einer Aufziehpuppe.

Der grosse früheste Exo-Psychologe William Blake stellte die Frage:
»Tyger, tyger, burning bright,
In the forests of the night,
What immortal hand or eye,
Dare frame thy fearful symmetry?«

Die Antwort lautet **DNS.**

Und welche dauernde, im Waldesdunkel des nächtlichen Himmels leuchtende Intelligenz hat die **DNS** geschaffen?

Der genetische Code besteht gewiss nicht aus einer zufälligen Adhäsion von Molekülen. Er stellt eine »dienliche« Botschaft dar, eine energetische, von einer metabiologischen Intelligenz hervorgebrachte Vorschrift.

Diese Intelligenz ist in ihrem Ausmass astrophysikalisch und galaktisch, alles durchdringend, allgegenwärtig; in der Quantenstruktur zeigt sie sich jedoch im kleinen. So wie der mehrere Milliarden Jahre umfassende Plan biologischer Entwicklung im Kern jeder Zelle eingepackt ist, findet sich möglicherweise der quantenmechanische Plan astronomischer Entwicklung innerhalb des Atomkerns.

Wir haben das Bewusstsein als vom Organismus empfangene Energie definiert, und wir haben Intelligenz als vom Organismus übertragene Energie bezeichnet. Die Bewusstseinsintelligenz der Lebensformen wird von der Anatomie und dem organischen Muster gestaltet und begrenzt. Subatomare-gravitationsbezogene Kraftfelder sind offensichtlich zu schnelleren, komplexeren und ausgedehnteren Stufen von Bewusstsein und Intelligenz befähigt.

Die Exo-Psychologie stellt die Hypothese auf, wonach die Entwicklung astrophysikalischer Organismen eine Bewusstseinsintelligenz miteinbezieht, die der **DNS** so überlegen ist wie letztere den Neuronengehirnen.

Die Richtung der organischen Evolution kann nun klar dargelegt werden. Mit einzelligen Organismen beginnend, bringt das Leben eine Reihe neuraler Schaltkreise und zunehmend komplexerer und leistungsfähigerer Körper hervor, um damit höhere Bewusstseinsintelligenz transportieren und fördern zu können. Der Höhepunkt dieses biologischen Prozesses bildet das Gehirn des siebten Schaltkreises, das fähig ist, mit der **DNS** zu kommunizieren, d. h. auf

... wenn wir uns die mögliche Beschaffenheit einer höheren quantenmechanischen Bewusstseinsintelligenz vorstellen können, so sind »sie«, die in der genetischen Zukunft warten, dazu ebenso gut, wenn nicht gar besser befähigt.

der Stufe von **RNS** Informationen zu empfangen, zu integrieren und weiterzuleiten. Unter den Nebenprodukten der Bewusstseinsintelligenz des siebten Schaltkreis-Gehirns finden sich Telepathie und Symbiosen zwischen den Spezies (inklusive der Symbiose mit fortgeschritteneren Spezies, die möglicherweise auf der Hälfte all der Millionen bewohnten Planeten unserer lokalen Galaxis vorhanden sind).*

Die acht Stufen der Evolution bestehen aus der Transformation von Bewusstseinsintelligenz in metaphysiologische, neuroatomare Organismen. Dieser quantenmechanische Prozess schliesst nicht unbedingt die Zerstörung organisch bedingter Erinnerungen oder biologischer Bewusstseinsintelligenz mit ein – möglicherweise aber eine Aufnahme des Neurogenetischen in die Nuklear-Gravitations-Quanten.

Metaphysiologische Bewusstseinsintelligenz sendet/empfängt mit der Geschwindigkeit und Frequenz nuklearer Teilchen und kann Materie erschaffen, d. h. Atome nach vorgeplanten Mustern anordnen. Eine solche Stufe der Bewusstseinsintelligenz könnte vorprogrammierte **DNS**-Codes ebenso einfach hervorbringen, wie heute die Menschen computergesteuerte Produktionsprozesse erstellen.

Natürlich ist es für den auf die rudimentäre L.M.-Symbolik eingestellten Geist beinahe unmöglich, sich vom Umfang der Quanten-Intelligenz eine Vorstellung zu machen. Werden wir jedoch nicht von der Logik gezwungen, die Möglichkeit dieser höheren Form von Bewusstseinsintelligenz zu akzeptieren? Die einzigen zurzeit zur Verfügung stehenden kosmologisch-eschatologischen Alternativen sind:

Zufällige, aufs Geratewohl zusammengeballte Proteine und Kohlenstoffhydrate werden im vorkambrischen Schlamm von Blitzen zur Reaktion gebracht und entlassen den »Menschen«, die höchste und düsterste Form eines erbarmungslosen Überlebenskampfes, oder: in menschliche Form gebrachte Polizeiposten-Jehovas des Monotheismus.

Allein die Tatsache, dass sich einige einfach konzipierte menschliche Wesen eine überlegene metaphysiologische Bewusstseinsintelligenz vorstellen können, die im einzelnen auf dem gegenwärtigen wissenschaftlichen Beweismaterial beruht, ermutigt uns anzunehmen, dass eine höhere Intelligenz zumindest unseren Extrapolationen und empirischen Spekulationen entspricht. Um es unverblümt zu sagen: Wenn wir uns die mögliche Beschaffenheit einer höheren quantenmechanischen Bewusstseinsintelligenz vorstellen können, so sind »sie«, die in der genetischen Zukunft warten, dazu ebenso gut, wenn nicht gar besser befähigt.**

Um diesen kurzen Abriss des achten eschatologischen Schaltkreises zusammenzufassen: Organisches Leben entwickelt sich, um Teil einer metaphysiologischen Bewusstseinsintelligenz zu werden, die in ihrer Struktur nuklear-gravitationsbezogen ist und zusammenhängende Kräftefelder galaktischen Ausmasses – und quantenhafter Natur – hervorbringt.

---

* Telepathie (d. h. neuroelektrische Kommunikation) ist ein noch irdisches Phänomen. Telepathische Kommunikation kann nicht stattfinden, solange wir auf dem Boden eines viertausend Meilen tiefen Atmosphären-Ozeans herumkriechen – so wenig wie zwischen marinen Tieren eine stimmhaft-symbolische Verbindung vorkommen kann. Wir müssen aus dem Wasser hinauskrabbeln, um den dritten Schaltkreis (linkes Gehirn) zu aktivieren. Wenn wir die Oberfläche des Planeten verlassen und im freien Raum leben, wird sich Telepathie (Bewusstseinsintelligenz des sechsten Schaltkreises) einstellen.

** Wer sind »sie«? Sie sind wir-in-der-Zukunft.

15. Neuraler Chauvinismus: Jeder Körper besitzt eine von ihm bevorzugte Form der Realität

So wie die Mitglieder von Insektenkolonien genetisch vorprogrammiert sind, gewisse für das Überleben des Bienenstocks notwendige Rollen zu übernehmen – Arbeiter (innen), Drohnen, Krieger, Königin –, so sind es auch die zwölf larvalen Menschentypen.

Larvale Realitäten werden von Inseln der lokalen Umgebung bestimmt, die zur Zeit der Prägung mit dem Nervensystem verknüpft sind.

Vom wissenschaftlichen Standpunkt aus besteht die **Realität** aus einem Ozean elektromagnetischer Schwingungen, die ununterbrochen durch verschiedene Geschwindigkeitszyklen wirbeln und momentane, zeitlich begrenzte Strukturen – inklusive mit Nervensystemen versehene Körper – bilden.

Das menschliche Nervensystem ist genetisch dazu bestimmt, entlang dem zyklischen Frequenzspektrum ein schmales Wellenband zu empfangen.

Das Bewusstsein des Menschen, d. h. die persönliche Realität, wird durch jenen Punkt innerhalb des Frequenzspektrums bestimmt, an dem die neuralen Skalen eingestellt werden.

In einem vorhergehenden Abschnitt ist der Vorschlag gemacht worden, wonach sich das Nervensystem über zwölf larval-irdische Stufen entwickelt hat, um in der Zukunft über zwölf nach-irdische Stufen zu metamorphieren. Eine neue Spezies ist in Erscheinung getreten, und es sind neue, komplexere Stufen des Nervensystems entwickelt worden.

Einzellige Spezies bleiben auf der primitiven Stufe des Annäherns/Vermeidens stehen. Die meisten säugetierhaften Formen verharren auf der Ebene der individuellen muskulären Dominanz. Eine andere Form, die Herden-Spezies, erreicht eine Ebene vorsymbolischer sozialer Kommunikation. Primitive Humanoide bleiben auf der Ebene der Symbol-Manipulation und des Gerätebaus zurück, erreichen jedoch die Domestizierung und die spezifische Trennung sexueller Verantwortlichkeit, wie sie sich beim **Homo sapiens** und bei einigen Insekten finden, nicht.

In den beiden Büchern *The Periodic Table of Evolution* und *The Game of Life* wird die Hypothese aufgestellt, wonach planmässige jahreszeitliche Abweichungen innerhalb der Sonnenbestrahlung Veränderungen im **DNS**-Muster hervorrufen, welche – zur Zeit der Empfängnis – den neurogenetischen »Typ« des Menschen bestimmen. Ferner findet sich die Hypothese, wonach die zwölf Tierkreiszeichen in ziemlich roher Form zwölf Spezies verkörpern, die – in ihrem neurologischen Leitungsnetz deutlich voneinander abweichend – die zwölf Stufen stammesgeschichtlicher und menschlicher Entwicklung widerspiegeln und rekapitulieren. Jedes Tierkreiszeichen repräsentiert somit den Vorrang einer der zwölf neurologischen Stufen, die in der Entwicklung des Lebens auf unserem Planeten von Bedeutung sind; eine Vorbereitung auf die Auswanderung ins All.[*]

So wie die Mitglieder von Insektenkolonien genetisch vorprogrammiert sind, gewisse für das Überleben des Bienenstocks notwendige Rollen zu übernehmen – Arbeiter(innen), Drohnen, Krieger, Königin, so sind es auch die zwölf larvalen Menschentypen.

---

[*] Die Tradition, bei einem Geschworenengericht zwölf Gleichrangige einzusetzen, mag eine unbewusste Anerkennung der zwölf menschlichen Spezies sein, aus denen sich die larvale Gesellschaft zusammensetzt.

Jedermann, der anders ist, ist verrückt oder fremd. Der Hass gegen Fremde beruht auf der Neurologie der Primaten. Der »Bienenstock« kann sich mit anderen Realitäten nicht abfinden.

Diese zwölf genetischen Typen sind gemeinhin als die zwölf Tierkreiszeichen, die ersten zwölf Tarot-Figuren oder die zwölf griechisch-römischen Gottheiten bekannt. Jeder dieser zwölf Typen kann genetisch als Einzelzustand betrachtet werden; jeder trägt zum menschlichen larvalen Entwicklungsprozess bei, und jeder umfasst ein durchgeprägtes, einer spezialisierten Überlebensaufgabe angepasstes Nervensystem.

Zusätzlich zur genetischen Spezialisierung bestimmen die im Verlauf der vier Perioden individueller Entwicklung eingeprägten Umgebungsmodelle jene Inselrealitäten, die sich von Mensch zu Mensch und von Gruppe zu Gruppe unterscheiden. Die Sprache und der Dialekt, denen das Kind im Verlauf des Inerscheinungtretens des dritten Schaltkreises ausgesetzt ist, legen im Kehlkopf und in der Hand muskuläre Muster fest, die unverrückbar sind und die Grenzen der Erkenntnis/Symbolik-Realität festsetzen.

Diese einmalige Feststellung der Wirklichkeit bedeutet unter anderem, dass wir zwölf larvale Spezies und zahlreiche auf diesem Planeten herumziehende kulturell geprägte Menschengruppen finden, die grösstenteils in unterschiedlichen Realitäten leben. Dieser Wirrnis sei noch hinzugefügt, dass wir seit den sechziger Jahren noch mehrere Millionen halbmutierter Hippies haben, die ziellos dahintreiben.

Die Menschen erkennen unbewusst die den Realitätsinseln innewohnende Selektivität. Es besteht die Neigung, auf diesen »Realitäts-Chauvinismus« mit gesellschaftlicher Meidung und Sichzusammenscharen zu antworten. Jedermann, der anders ist, ist verrückt oder fremd. Der Hass gegen Fremde beruht auf der Neurologie der Primaten. Der »Bienenstock« kann sich mit anderen Realitäten nicht abfinden.

Ontologische Chauvinismen sind in unverrückbaren genetischen und neuralen Strukturen tief verwurzelt. Ungeachtet der Ignoranz in bezug auf den neuralen Mechanismus bringen es die Roboter fertig, gegenseitig mit erstaunlichem Nutzeffekt über materielle Bedürfnisse zu kommunizieren.

16. Die Prägung stellt eine Einzelbelichtung des neuralen Films dar, welche die neuro-umbilikale Wirklichkeit bestimmt und begrenzt.

Die Prägung stellt eine neuro-umbilikale, lebenswichtige Verbindung dar, die sich vom Nervensystem zu jener auf der Oberfläche des Planeten vorhandenen Energiehäufung ausdehnt, die materielle Überlebens-Stimuli bietet.

Die Entdeckung der neuralen Prägung könnte eine der vier bedeutsamsten intellektuellen Errungenschaften der menschlichen Rasse sein. Die anderen drei sind: Die Einsteinschen quantenmechanischen Gleichungen – Raum, Zeit und Energie miteinschliessend –; die astronomische Lokalisierung der Erde in der überaus reich bevölkerten Galaxis und die Entschlüsselung des genetisch-evolutionären Prozesses, der biochemische Langlebigkeit, Kontrolle der Genetik und symbiotische Kommunikation ermöglicht.

Die Prägung umfasst jenen Prozess, wo neurale Schaltkreise, die ein spezifisches neuro-umbilikales Überlebens-Verhalten vermitteln (letzteres auf im voraus angelegten Entladungsbahnen), den Stimulus in der innern und äusseren Umwelt wählen, der Zeitpunkt, Richtung und Gegenstand der Entladung bestimmt.

Die Prägung stellt eine neuro-umbilikale, lebenswichtige Verbindung dar, die sich vom Nervensystem zu jener auf der Oberfläche des Planeten vorhandenen Energiehäufung ausdehnt, die materielle Überlebens-Stimuli bietet. Einmal verbunden, bleibt das larvale Nervensystem lebenslänglich festgehakt – vorausgesetzt, dieser Zustand wird nicht durch ein zufälliges Trauma oder vorsätzlich widerrufen –, so dass die nach-larvale Bewusstseinsintelligenz erreicht wird.

Die Fakten des Prägungsvorgangs stammen ursprünglich aus der Ethologie, »der vergleichenden Studie des Verhaltens von Tieren unter natürlichen Bedingungen und im Labor, wobei aufgrund von Feldbeobachtungen als naheliegend empfundene Methoden und Probleme miteinbezogen werden.« (William Etkin).

Konrad Lorenz und Nino Tinbergen haben kürzlich (1973) für ihre Pioniertätigkeit auf diesem Gebiet den Nobelpreis erhalten.

Der faszinierendste Aspekt des Prägungsvorgangs ist der folgende: die ursprüngliche Selektion des äusseren Stimulus – der die bereits vorbestimmte Erwiderung auslöst – wird nicht von einem normalen Lernprozess abgeleitet, sondern durch ein »Kurzerlebnis« im Verlauf einer arteigenen »kritischen Periode« im Leben des Tieres hervorgerufen.

Der Körper des Kleinkindes ist wie ein Raumschiff, das auf dem fremden neuen Planeten dahintreibt. Die Prägung stellt eine Lebensader dar, die in blinder Robotermanier nach einer aufnahmebereiten Oberfläche tastet, mit der sie sich verbindet und wo sie Wurzeln schlägt, um auf diese Weise eine Realitätsinsel zu schaffen.

»Falls die Prägung nicht innerhalb der ersten paar Tage des Daseins stattfindet, wird sie zu keiner anderen Zeit mehr erreicht werden. Ein solches Tier wird keinem anderen angemessen begegnen können und kein noch so reges Zusammenleben mit Artgenossen wird diesen Mangel beheben.« (Etkin).

Es hat sich gezeigt, dass »junge Vögel, die vom Experimentator im Verlauf der ersten Stunde ihres Lebens angefasst werden, später ihm und anderen menschlichen Wesen gegenüber so reagieren, wie sie es normalerweise gegenüber ihren Eltern tun würden«. Das tastende Neuro-umbilikale bindet sich an den ersten Körper, mit dem es in Berührung kommt.

Der Körper des Kleinkindes ist wie ein Raumschiff, das auf dem fremden neuen Planeten dahintreibt. Die Prägung stellt eine Lebensader dar, die in blinder Robotermanier nach einer aufnahmebereiten Oberfläche tastet, mit der sie sich verbindet und wo sie Wurzeln schlägt, um auf diese Weise eine Realitätsinsel zu erschaffen.

»Am erstaunlichsten ist indessen die Tatsache, dass das auf ein menschliches Wesen geprägte Tier, wenn es nach vielen Monaten geschlechtsreif wird, um den Menschen zu werben beginnt, wobei es den Menschen sogar der eigenen Spezies vorzieht. Mit der Hand dressierte Vögel entfalten gewöhnlich den Händen ihres Lehrmeisters gegenüber ein werbendes Verhalten.«

Die auf das menschliche Verhalten angewandten Folgerungen der Prägungs-Theorie sind in bezug auf unsere rationalen Auffassungen des Selbst, des Ego, und der bewussten Wahl recht verwirrend; sie deuten auf eine ontologische Hilflosigkeit hin, welche die Dimensionen einer Science Fiction-Robotergeschichte umfasst. Die neurologische Situation lautet wie folgt: Der menschliche Körper ist aus zahlreichen Empfangsorganen und Entladungssystemen aufgebaut, die vom Nervensystem – einem aus dreissig Milliarden Zellen bestehenden Kommunikationsnetz – unter Kontrolle gehalten werden. Jedes Organ des Körpers ist mit einem komplexen Schema von Nervenfasern verbunden. Jedes Neuron empfängt und bewertet Informationen, die es an nicht weniger als sechzigtausend andere Neuronen weitergibt. Die einzelnen Leitungsschemas, die auf jedes Organ des Körpers ihren Einfluss ausüben und jeden Handlungsablauf auslösen, sind von geprägten Stimulatoren programmiert. Art und Form des einzelnen Stimulus-Aktivators aller neuro-umbilikalen Überlebenssysteme wird durch das zufällige Zusammentreffen äusserer Faktoren im Verlauf der »empfänglichen Periode« bestimmt. Menschliche Wesen sind von neuralen Prägungen programmiert und geführte Roboter, wobei erstere als Antwort auf zufällig geprägte Stichworte standardisierte Entladungsschemas auslösen.

Das Neugeborene ist mit jenem Verhaltensmuster ausgestattet, das für ein unmittelbares Überleben nötig ist: sich dem mütterlichen Stimulus zuwenden und saugen. Kurz nach der Geburt formt sich das Nervensystem des Säuglings ein bestimmtes Bild, d. h. es richtet alle Sinnesapparate auf den weichen, warmen, milchproduzierenden Stimulus und »photographiert« diesen Anblick ununterbrochen als »Notvorrat« und Sicherheitsfaktor. Falls diese viszerotonische Prägung nicht stattfindet, weil der adäquate Stimulus im Verlauf des kritischen Zeitabschnittes nicht vorhanden ist, so wird das grundlegende »Überlebens-Sicherheits«-System nicht wirksam auf die Ebene des zwischenmenschlichen Kontakts übertragen.[*]

Einen äusserst entscheidenden Aspekt der neuralen Prägung bildet die Tatsache, dass sich die vier larvalen Schaltkreise chronologisch entfalten. Jede dieser vier neuro-umbilikalen lebenswichtigen Verbindungen erweitert sich der Reihe nach, sobald der einzelne neurale Schaltkreis in Erscheinung tritt.

So ist beispielsweise der sexuelle Schaltkreis vor der Adoleszenz lediglich rudimentär vorhanden. Im Verlauf der Pubertät finden in den primären und sekundären Geschlechtsmerkmalen tiefgreifende physiologische und anatomische Veränderungen statt. Diese Verände-

---

[*] Das Unterlassen von seiten des Neugeborenen, eine menschliche »Zielscheibe« für seinen ersten Schaltkreis zu prägen, bewirkt eine Form kindlicher Schizophrenie; das Kind wird autistisch. Dieser Vorgang und das entsprechende Gegenmittel wid in den Abschnitten 1.3, 1.4 und 1.5 des Buches The Eight Calibre Brain besprochen.

Die zufälligen Veränderungen der sexuellen Prägung des vierten Schaltkreises sind den Psychiatern schon lange wohlbekannt. Frühe Erektionen und Orgasmen können das Fundament zu überspannten Fetisch-Fixierungen bilden.

rungen sind so ausgeprägt, dass wir klugerweise von einer Metamorphose sprechen können, die der Verwandlung des Insekts von der Larve zum Schmetterling analog ist. Zu dieser Zeit entfaltet sich jener neurale Schaltkreis, der die sexuelle Aktivität vermittelt. Eine kritische oder »sensitive« Periode der sexuellen Prägung findet statt; die Geschlechtsantenne tritt in Erscheinung und tastet blindlings nach einem Ort, wo sie Wurzeln schlagen kann.

Beim ersten Mal, wo das sexuelle System volle Reaktion zeigt, findet eine sexuelle Prägung statt. Der Aktivitätszustand des gesamten Nervensystems zur Zeit der Prägung bestimmt die Art, wie das sexuelle System aneinandergekoppelt ist – d. h. welcher Art die erregenden Stichworte sind. Die sinnlichen, gefühlsmässigen, geistigen und sozialen Stimuli bilden ein Muster (ein sexuelles Klima), das die Abfolge von Erregung und Befriedigung erleichtert.

Die zufälligen Veränderungen der sexuellen Prägung des vierten Schaltkreises sind den Psychiatern schon lange wohlbekannt. Frühe Erektionen und Orgasmen können das Fundament zu überspannten Fetisch-Fixierungen bilden.

Mechanik und neurologischer Ablauf der Prägung des geistig-symbolischen dritten Schaltkreises sind weniger geläufig. Das Erlernen von Sprache und handhabungsbezogenem Verhalten umfasst eine besondere Prägung der dritten Gehirnleitung zu den laryngealen und den manuellen Muskeln. Das Denken wird durch die Bewegung der neun Kehlkopfmuskeln zustande gebracht. Im Verlauf jenes Zeitabschnittes, in dem das Kind die Sprache zu beherrschen erlernt, wird der geistige Stil nahestehender menschlicher Vorbilder übernommen. Diese Vorbilder sind die Eltern und – weit wichtiger – ältere Kinder. Die zarten Fühler symbolisch-geistiger Aktivität werden ausgestreckt; ein äusserst verletzlicher Zeitabschnitt. Der geistige Stil und die Gefühlsmodelle der in der Umgebung vorhandenen Menschen sind entscheidend, ob sich das Gemüt des Kindes als offen und vertrauend oder als in sich gekehrt und abweisend zeigt.

Das Kind prägt (speichert) sich eine ganz spezifische Art des Denkens ein. Ist dieses intellektuelle Muster einmal geprägt, so zeitigt die nachherige Erziehung wenig Wirkung in bezug auf die Formen geistiger Manipulation. Die acht Erkenntnisformen, wie sie vom laryngo-muskulären Verstand angewandt werden, sind im Kapitel 3 von *The Eight Calibre Brain* beschrieben. Die Prägung ist an das zum kritischen Zeitschnitt der Erweiterung vorhandene Vorbild gebunden.

1. **Die Bio-Überlebens-Sprache des 1. Schaltkreises ist global.** Bewegungen und Geräusche, die besagen »ich bin sicher«, »du bist sicher«, werden von beinahe allen Tieren, ungeachtet der jeweiligen Zucht, erkannt. Verhaltensweisen, die Schmerz oder physische Bedrohung zum Ausdruck bringen, werden ebenfalls allgemein erkannt. Wir sprechen hier von Essen, Erbrechen, Säugen, Abscheu, Umarmung, Stöhnen, physischem Angreifen oder Bedrohen.

2. **Die gefühlsbezogene Sprache des 2. Schaltkreises:** Gebärde, Haltung und verbale Laute, die eine Botschaft übermitteln, werden beinahe gesamthaft erkannt. Die gebärdenhaften Signale für Sich-Anschliessen, Dominieren, Sich-Unterwerfen, Betteln, Geben, Nötigen und passive Klage erfordern kein über-kulturelles Wörterbuch. Dennoch hat jede Kultur ihr typisches Vokabularium für Statusbetonungen, Gebärden, schmuckes Beiwerk, auffallendes Besitztum und Haltungen.

Das Kind prägt sich (registriert) eine spezifische Art des Denkens ein. Ist dieses intellektuelle Muster einmal geprägt, so zeigt die nachherige Erziehung wenig Wirkung in bezug auf die Formen geistiger Manipulation.

Am einen Ort weist der Cadillac auf höchsten Status hin – unweit davon kennzeichnet er einen Zuhälter oder einen Kokain-Dealer aus den Slums. Und so weiter...

3. **Die L.M.-Sprache des 3. Schaltkreises:** Symbole und künstliche Erzeugnisse (Gerätschaften) bleiben in ihrer jeweiligen Verständlichkeit auf jene kulturellen Gruppen beschränkt, welche dieselben Prägungen aufweisen, d. h. im Verlauf des entscheidenden Zeitabschnittes derselben Art laryngealer Geschicklichkeit und manueller Symbolisierung ausgesetzt waren. Erlasse von Klasse, Kaste und Handwerkerzunft sind von grosser Bedeutung. Diese Kulturformen des dritten Schaltkreises umfassen:

>**Durch künstliche Erzeugnisse verbundene Gruppen**
>**Verbal-dialektbezogene Gruppen**
>**Auf geistiger Bildung beruhende Gruppen**
>**Wissenschaftliche Gruppen**
>**Berufsgruppen**
>**Sport- und Spielgruppen**

Der zentrale Begriff innerhalb der Exo-Psychologie bildet der Gedanke einer persönlichen neuralen Wirklichkeit, die sich von Mensch zu Mensch unterscheidet. Jeder von uns schlägt sich mit einer Welt herum, die durch ein einmaliges Schema neuraler Leitungen und unumstösslicher umbilikaler »Rettungsanker« bestimmt wird. Genau so, wie wir versuchen können, die sichtbar werdenden Stufen menschlicher Entwicklung aufgrund der Analogie zur Metamorphose von Insekten zu verstehen (denn wir sind der Sache zu nahe, als dass wir die Metamorphose in uns selbst anerkennen könnten), so ist es uns möglich, das elektroneural Einmalige der »Wirklichkeit« zu begreifen, indem wir die Bewusstseinsinseln anderer Spezies in Betracht ziehen.

Schauen wir uns die Schlange an. Beobachten wir mit unseren optischen »Abtastgeräten«, so »sehen« wir eine Maus über den Boden rennen, und eine Schlange dreht ihren Kopf und beisst zu. Wir setzen voraus, dass die Schlange das gleiche »sieht« wie wir: ein pelziges, braunes Tier. Eine Untersuchung der neuralen »Empfänger« der Schlange zeigt jedoch, dass sie zur Lokalisierung der Beute gewisse Hitze-Antennen verwendet. Was die Schlange erfühlt, ist ein neonartiger Lichtstrahl »warmer« Bewegung, der sich über den Bildschirm bewegt. Sie ist roboterhaft darauf programmiert, bei »Wärme« zuzuschlagen.

Menschliche Wesen wirken oft über gleichartige »Wirklichkeits«-Abgründe hinweg. Sie sind roboterhaft als Selbstheiten so unterschiedlich programmiert wie der Mensch und die Schlange.

Die Menschen variieren in der Anzahl der L.M.-Sprachen, mit denen sie kommunizieren können. Einige, die Primitivsten, tun dies nur im oralen Dialekt ihrer Kindheitsumgebung und wissen nur mit den einfachen, mit Hilfe von Muskeln bewegten Gerätschaften dörflichen Lebens umzugehen.

Der hochzivilisierte Larvale beherrscht Hunderte von L.M.-Symbolsystemen. Ein gebildeter Russe oder ein gebildeter Amerikaner kann mit dem andern in verschiedenen Sprachen sprechen oder korrespondieren, er weiss kooperativ mit einer grossen Anzahl mechanischer

Das gesellschaftliche Bewusstsein ist ein Netz neuro-umbilikaler Erfindungen, entstanden durch Konditionierung und ununterbrochene Anpassungsverformungen.

Geräte umzugehen, berufliche Entwicklungsabläufe, wissenschaftliche Codes, Sport- und Spielrituale zu beherrschen.

Beim Kommunizieren mit einem Larvalen ist einst mittels nonverbaler Stichworte festgelegt worden, dass der Schaltkreis 1 sicher und der Schaltkreis 2 kooperativ ist. Als nächsten Schritt gilt es festzustellen, welche auf L.M.-Denkvermögen beruhenden Sprachen gemeinsam beherrscht und passend ausgetauscht werden können. Die meisten larvalen Wechselwirkungen sind kurz und begrenzt. Auf Gerätschaften bezogene Transaktionen. Kaufen, Verkaufen, Dienstleistungen. Seichte gesellschaftliche Handlungen, dazu bestimmt, kulturelle Betätigung auszulösen. Ausgedehnte L.M.-Symbol-Gespräche sind voller Verflechtungen, weil unvermeidlich emotionelle Faktoren hineinfliessen. Das Weitergeben von Informationen an andere wird oft übelgenommen, weil der Besitz von Informationen Macht impliziert.

Der dritte Schaltkreis des Nervensystems wird aktiviert, während sich das Kind in einer noch unvollkommenen Position befindet. Diejenigen, welche die L.M.-Symbolsysteme weitergeben, sind Erwachsene oder Vorgesetzte. Die Fähigkeit, Symbole zu erlernen, wird durch gefühlsmässige Zusammenhänge bestimmt; die über eine Information verfügende Person steht regelmässig über dem Empfänger.

Das Nervensystem ist untereinander durch synaptische Glieder verbunden. Die Synapse ist jene Kontaktstelle zwischen zwei Neuronen, die der Nervenimpuls durchströmt. Die synaptische Verbindung ist chemischer Art. So wie Chemikalien die Photographie auf dem Film »fixieren«, so wird das neurale Bild der Inselrealität durch chemische Bindungen zur Zeit der Prägung »fixiert«.

Die Roboter-Wahrheit lautet: **Die Muster neuraler Verbindungen bewirken das Bild der Wirklichkeit.**

Das menschliche Nervensystem prägt gesellschaftliche Stichworte. Ein im Wachstum begriffenes Kind findet in den geprägten gesellschaftlichen Stichworten eine gewisse Beständigkeit und Identität mit seiner Umwelt. Seine Eltern sprechen dieselbe Sprache und pflegen dieselben Rituale wie die Nachbarn. Diese allseitige Übereinstimmung bewirkt die Illusion einer »Wirklichkeit«, die mit den andern Angehörigen derselben Kulturgruppe geteilt wird. »Geistige Gesundheit« wird dahingehend interpretiert, ob jemand fähig ist, selbst überzeugt zu sein, dass SiEr das Tun anderer begreift. Festinger und andere Sozialpsychologen haben Versuche im Bereich der »erkenntnismässigen Unstimmigkeit« durchgeführt, die zeigten, wie leicht und natürlich die Menschen objektive Daten verdrehen, um sie den neuralen Erwartungen anpassen zu können.

Das gesellschaftliche Bewusstsein ist ein Netz neuro-umbilikaler Erfindungen, entstanden durch Konditionierung und ununterbrochene Anpassungsverformungen.

Wir glauben, dass wir geprägt sind, um zu glauben. Wir denken, dass der winzige Platz, an den unsere neuro-umbilikalen Lebensadern gebunden sind, »Realität« bedeute.

Die Tatsache getrennter, subjektiver, auf individuellen Prägungen (Realitätsinseln) beruhender Wirklichkeiten zu akzeptieren, macht den vor-neurologischen Menschen Angst. Wir rufen hier die Parabel von den acht blinden Männern und dem Elefanten in Erinnerung. Dieses Isoliertsein ist für das Entsetzen verantwortlich, das sich im Beisein eines »Geisteskran-

Wir glauben, dass wir geprägt sind, um zu glauben. Wir denken, dass der winzige Platz, an den unsere neuro-umbilikalen Lebensadern gebunden sind, »Realität« bedeute.

ken« breitmacht. In vielen Fällen ist sich die als »geisteskrank« oder »halluzinatorisch« bezeichnete Person in Wirklichkeit jener neuralen Inselsituation bewusst, welche die Leute untereinander trennt. Oft könnte der »Kranke« als gesünder und »richtiger« erachtet werden als die betrogenen »Normalen«. Ontologischer Schrecken bildet die naive Reaktion auf die Entdeckung, dass es ausserhalb der eigenen Prägungen und neuralen Muster noch andere Realitäten gibt.

Wir haben die Metapher der neuro-umbilikalen Lebensader verwendet, um die via Prägung stattfindende Gebundenheit des Nervensystems an lokale Gegebenheiten zu veranschaulichen. Sicherheit bedeutet, dass die eingeprägten »Rettungsanker« sicher an einer unveränderlichen Inselrealität festgemacht sind.

Eine andere von Neurologen oft verwendete Metapher zur Beschreibung des Entstehens und Begrenzens subjektiver Realität durch die Prägung ist jene der »Blase«. Castanedas Don Juan gibt eine gute Beschreibung der Prägungsrealität, die er als **Tonal** bezeichnet.

> »Die Zauberer behaupten, dass wir in einer Blase stecken. In einer Blase, in die wir im Augenblick unserer Geburt gesteckt werden. Zuerst ist die Blase offen, aber dann beginnt sie sich zu schliessen, bis sie uns ganz eingeschlossen hat. Diese Blase ist unsere Wahrnehmung.[*] Unser Leben lang leben wir in dieser Blase. Und was wir an ihren gewölbten Wänden sehen, ist unser eigenes Spiegelbild.«
>
> Carlos Castaneda, *Der Ring der Kraft*

---

[*] Don Juan benutzt durchwegs den Ausdruck »Wahrnehmung« *(perception)*, um das Bewusstsein zu beschreiben. Die Bildung der »Prägungs-Blase« kann im Verlauf von LSD-Sitzungen klar »gesehen« und erlebt werden.

17. Prägungen können nur mittels biochemischem Schock verändert werden

Der einzige Weg, neurale Muster neu auszulegen, besteht in der Unterbrechung des Neurotransmitterablaufes an der Synapse, um dadurch die alte Prägung zu widerrufen und einer neuen stattzugeben.

Stellen wir uns für einen Augenblick das Nervensystem für sich allein vor (also ohne Körper); ein Biocomputer mit 30 Milliarden Empfangs-Bewertungs-Output-Zentren (Neuronen), die miteinander verbunden sind, wobei hierarchisch gestufte Zentren als Vermittler stehen. Die verschiedenen Sinnesorgane empfangen Milliarden von Signalen in der Minute. Prägungen legen die Grundverbindungen fest, welche die neurale Aktivität in eine bestimmte Form bringen und leiten.

So gibt es beispielsweise das Sicherheitssystem des ersten Schaltkreises, das, falls »Gefahren«-Stichworte empfangen und ausgewertet werden, Millionen von Überlebensfunktionen auf den Plan ruft. Frühe »Gefahren«-Prägungen und genetische Programme stellen die Stichworte dieses mächtigen Grundsystems, das, einmal in Bewegung gesetzt, jedes Organ des Körpers beeinflusst. Angst! Wenn der erste Schaltkreis einen Angst-Stimulus eingeprägt hat, so kann dieses chemisch-elektrische Synapsenschema nur noch mittels Suspendierung oder Austausch der Schaltung verändert werden. Die Kompromisslosigkeit menschlicher »Phobien« und Sicherheitsabdeckungen beruht auf Prägungen.

Der einzige Weg, neurale Muster neu auszulegen, besteht in der Unterbrechung des Neurotransmitterablaufs an der Synapse, um dadurch die alte Prägung zu widerrufen und einer neuen stattzugeben. Schock, Krankheit, Trauma, Drogen, Niederkunft, Stimuli-Entzug und elektrische Auflading bilden den einzigen Weg, um das Wirken der Synapse verändern zu können. Wenn das Geschehen innerhalb des Körpers so überwältigend stark wird, dass es das Wirken der Synapse ändert, so werden die geprägten lebenswichtigen Verbindungen in bezug auf die Umwelt widerrufen. Hier bietet sich die Möglichkeit einer Neu-Prägung.

Sobald das Konzept der neuralen Prägung verstanden wird, werden sich die Behandlungsmethoden in der Psychologie ändern. Der Arzt wird dem Patienten die Grundregeln des Neu-Prägens beibringen, und letzterer wird sich jene neue Realität aussuchen, die SiEr sich zu schaffen wünscht. Demokratisches Verhalten und Zusammenarbeit sind in der neurologischen Behandlung nötig. **Der Arzt kann die Behandlung weder vorschreiben noch unter Kontrolle halten, weil das Resultat für den Patienten eine neue Realität darstellt.**

Auch die medizinische Praxis wird sich ändern. Infektionskrankheiten oder Funktionsstörungen von Körperorganen können chemische Veränderungen hervorrufen, die ein Zurückschalten des neuralen Leitungsnetzes erfordern. Nach Ausheilung der körperlich manifesten Infektion besteht die Möglichkeit, dass die »Notstandsleitung« weiterhin in Betrieb bleibt und dadurch die Wiederherstellung einer normalen Funktion verhindert. Umgekehrt kann eine Infektion oder Funktionsstörung heilsame Veränderungen erfordern, die durch das normale »Leitungsnetz« blockiert werden. Diese Sicht des Nervensystems als eines programmierten bioelektrischen Netzes mag dazu beitragen, die »Geheimnisse« der Akupunktur zu erklären. Die Nadeln üben nur eine geringe Wirkung auf das Fleisch des Körpers aus, beeinflussen aber vielleicht – insbesondere wenn sie mit kleinen elektrischen Ladungen versehen sind – die sympathischen Programme, welche die Organfunktion regulieren. In naher Zukunft mag die Neurologie an die Stelle der Psychologie treten, und die neurosomatische Medizin ersetzt möglicherweise das vage Konzept der psychosomatischen Medizin.

18. Die Konditionierung verbindet einen Stimulus mit einer geprägten Erwiderung (Reaktion)

Um den Lernprozess verstehen zu können, ist es nötig, die primäre Rolle der Prägung und die sekundäre Stellung des konditionierten In-Verbindungbringens zu verstehen.

Der Begriff »Prägen« hat in der Psychologie einige Verwirrung verursacht, lässt er doch auf eine spezifische Art des Lernens schliessen, die sofort und unwiderruflich erfolgt – ganz im Gegensatz zum konditionierten Lernen, das die Grundlage der meisten psychologischen Theorien bildet. Die klassische Definition besagt, dass »Lernen einen relativ ununterbrochenen Wechsel im Verhalten bedeute, der aus der Praxis selbst resultiere«. Lernen basiert auf der Verbindung eines Stimulus oder einer Reaktion mit einer anderen auf der Basis von Belohnung oder Bestrafung. Psychologische Theorien gründen auf Beobachtungen äusserlich sichtbaren Verhaltens und schenken dem inneren, unsichtbaren neurologischen Zustand nur wenig Beachtung.

Die klassischen Untersuchungen der Konditionierung sind von dem russischen Psychologen Ivan Pavlov durchgeführt worden.

> »Während der Untersuchungen der relativ automatischen, mit der Verdauung in Zusammenhang stehenden Reflexe bemerkte Pavlov, dass der Speichelfluss im Maul des Hundes nicht nur durch die darin befindliche Nahrung, sondern auch durch deren Anblick beeinflusst wurde. Er interpretierte den Speichelfluss, der sich nach Plazierung von Nahrung im Maul einstellt, als nichtgelernte Reaktion, die er als **unkonditionierte Reaktion** bezeichnete. Sicherlich dachte er, dass der Einfluss **optisch** erfasster Nahrung erlernt werden müsse. Folglich stellt letzteres eine erlernte oder konditionierte Reaktion dar. (Hilgard und Atkinson: Introduction to Psychology, Harcourt Brace, N.Y.)
>
> Spätere Untersuchungen zeigten, dass der Speichelfluss von Tieren als Reaktion auf plötzlich aufleuchtendes Licht, Geräusche, visuelle Formen usw. konditioniert werden kann. Die konditionierte Reaktion kann als einfache »Gewohnheit« erachtet werden, weil 1) ein Zusammenhang zwischen einem Stimulus und einer Reaktion aufgezeigt wird, und 2) dieser Zusammenhang erlernt ist.«

Um diesen Lernprozess verstehen zu können, muss man den primären Einfluss der **Prägung** und den sekundären der konditionierten Assoziation begreifen. **Die Prägung verbindet die natürliche unkonditionierte Reaktion mit einem äusseren Stimulus – dem Auslösemechanismus.** Der konditionierte Stimulus wird mit dem geprägten Stimulus in Verbindung gebracht. Die Prägung bildet den grundlegenden Zusammenhang zwischen dem äusseren Stimulus und den Nervenenden; ebenso zwischen den Nervenenden und der Reaktion.

Die Konditionierung verbindet nun (im neuralen Netzwerk) andere Stimuli, die ihrerseits mit den geprägten Stimuli in Zusammenhang stehen. Die erlernten Stimuli können sodann die neural mit dem ursprünglich geprägten Stimulus verbundene Reaktion auslösen.

Wenn der erste Schaltkreis des Kindes seiner Mutter gegenüber positiv geprägt ist, so werden andere mit dem Begriff Mutter in Zusammenhang stehende Stimuli zu erlernten Stich-

Die Prägung verbindet die natürliche unkonditionierte Reaktion mit einem äusseren Stimulus – dem Auslösemechanismus.

worten, welche eine »positive-annähernde« Reaktion auslösen. Der erste Schaltkreis des Kindes ist solchen Stimuli wie Geschmack, Gerüchen oder Formen gegenüber, die schädlich oder gefährlich sind, negativ geprägt. Mit »Gefahr« in Zusammenhang stehende Stimuli lösen die »Rückzugs«-Reaktion (Furcht) aus.

Konditionierungs-Psychologen haben die Beziehung zwischen unkonditionierter Stimulus-Reaktion und erlernten Reaktionen auf der Ebene von Gleichheit der Stimuli (Verallgemeinerung) untersucht, ferner in bezug auf die Verstärkung oder Belohnung der konditionierten Stimulus-Reaktion durch die unkonditionierte Reaktion, das Verblassen oder Erlöschen der erlernten Assoziation beim Fehlen der unkonditionierten Belohnung sowie auf das Unterscheiden von Abweichungen zwischen den Stimuli usw.

Die klassische (Pavlovsche) Konditionierung ist auf die Darstellung konditionierter Stimuli gerichtet, wobei letztere die mit dem ursprünglich unkonditionierten Stimulus verbundene Assoziation auf die Reaktion (d. h. Speichelfluss) darstellt.

19. Die handlungsbezogene Konditionierung verbindet das Verhalten mit Belohnung/Bestrafung

Der Skinnerismus bildet die Krönung der Dritten-Schaltkreis-Gesellschaft, jener unbewussten, maschinenmässigen Zivilisation, die im Neolithikum ihren Anfang nahm und in Henry Fords Fliessbändern gipfelte.

Im Rahmen der handlungsbezogenen Konditionierung wird ein Verhalten untersucht, das mit dem genetisch vorprogrammierten Verhalten wenig Ähnlichkeit zeigt, welches normalerweise durch eine Verstärkung des Stimulus ausgelöst wird (d. h. der Speichelfluss ist eine normale Reaktion des Hundes auf Nahrung – ein Purzelbaum hingegen nicht). B. F. Skinner, Gründer der Schule des handlungsbezogenen Konditionierens unterscheidet zwischen **Reaktion** und **dienlichem** Verhalten:

> Reaktionsmässiges Verhalten steht direkt unter der Kontrolle des Stimulus, wie dies bei den unkonditionierten Reflexen innerhalb der klassischen Konditionierung der Fall ist: Speichelfluss, Zusammenziehen der Pupille bei einem direkt auf das Auge gerichteten Lichtstrahl, Kniezucken bei einem Schlag auf die Kniescheibensehne. Der Zusammenhang zwischen handlungsmässigem Verhalten und Stimulation ist etwas anders gelagert. Das Verhalten scheint oft **auszuströmen**, d. h. es scheint sich eher um eine spontane Angelegenheit denn eine Reaktion auf eine Stimulation zu handeln ... Wenn das handlungsmässige Verhalten mit einem Stimulus in Verbindung steht (wie wenn ich beispielsweise den Hörer am läutenden Telephon abhebe), so stellt das Telephon einen Stimulus dar, der sich von den andern **unterscheidet,** indem ich mir sage, dass der Telephonhörer zwar abgehoben werden kann, dass ich dazu aber nicht gezwungen bin. Selbst wenn das läutende Telephon zwingend ist, bedeutet das Abheben des Hörers ein handlungsmässiges und kein reaktionsmässiges Verhalten.
>
> Der Begriff **dienlich** leitet sich von der Tatsache ab, dass handlungsmässiges Verhalten auf die Umgebung »einwirkt«, um ein bestimmtes Resultat hervorzurufen. Folglich bilden die Schritte zum Telephon und das Abheben des Hörers **dienliche** Leistungen, die zum Telephongespräch führen.
>
> Um eine handlungsbezogene Konditionierung im Labor zu bewirken, wird eine hungrige Ratte in eine Kiste gesetzt ... Das Innere der Kiste ist leer; ausser einer aus der Seitenwand herausragenden kleinen Stange mit einem Futternapf darunter findet sich hier nichts. Der Versuchsleiter schliesst nun den Futterbehälter an, so dass jedesmal, wenn die Ratte auf die Stange drückt, eine winzige Portion Nahrung in den Napf fällt. Die Ratte frisst und drückt alsbald wieder auf die Stange. Die Nahrung **verstärkt** das Drücken ...
>
> Mit diesem Bild vor Augen sind wir bereit, die Bedeutung des konditionierten **dienlichen** Verhaltens in Betracht zu ziehen. Wie weiter oben angegeben, »wirkt« dieses Verhalten auf die Umgebung ein; das Drücken der Ratte **gewährt** oder **schafft Zugang** zur Nahrung. Im

Skinnerismus ist die philosophische Schlusserklärung der puritanischen protestantisch-ethischen Drahtzieher, welche die Welt während vierhundert Jahren – bis hin zu Hiroshima – dominiert hatten.

> Falle einer klassischen Konditionierung verhält sich das Tier positiv; es wartet bloss, bis sich der konditionierte Stimulus zeigt, dem sodann der unkonditionierte Stimulus folgt. Bei der handlungsbezogenen Konditionierung muss sich das Tier aktiv verhalten; sein Verhalten kann nicht verstärkt werden, ehe es etwas unternimmt.
>
> Ein grosser Teil menschlichen Verhaltens kann als handlungsbezogen eingestuft werden – das Drehen eines Schlüssels im Loch, Autofahren, das Schreiben eines Briefes, eine Konversation führen... Solche Handlungen werden nicht durch einen unkonditionierten Stimulus vom Pavlovschen Typus ausgelöst. Findet das Verhalten jedoch »statt«, so kann es nach den Grundsätzen handlungsmässiger Konditionierung verstärkt werden.
>
> ...(handlungsbezogenes) Verhalten wird gelegentlich als dienlich/förderliches Verhalten bezeichnet, weil es – wie ein Werkzeug oder ein anderes Gerät – Ergebnisse bewirkt. Handlungsmässige Konditionierung ist deshalb auch unter der Bezeichnung dienliche Konditionierung bekannt. (Hilgard und Atkins, op. cit.)

Wir haben diese Definitionen und Grundsätze so genau ins Auge gefasst, weil dienliche Konditionierung und Verhaltensbestimmungen populäre und politisch potente Aspekte der gegenwärtigen Verhaltens-Regulierungs-Bewegung darstellen. Eine stets zunehmende Anzahl von Psychologen verwenden Konditionierungstechniken, um das Verhalten von Mitmenschen zu »formen«, die als gestört oder asozial gelten; dazu kommen Legionen von Psychologen, die das Verhalten anderer via Werbung, Bildung und Massenmedien zu manipulieren versuchen.

Neurologik kann den Leuten möglicherweise helfen, zu erkennen, was diese Konditionierungs-Psychologen zu erreichen versuchen und warum sie zum Misserfolg verurteilt sind.

Konditionierungs-Psychologen sind Behavioristen. Sie befassen sich mit den beobachtbaren, messbaren Bewegungen innerhalb von Zeit und Raum. Der Behaviorismus entwickelte sich in den zwanziger Jahren dieses Jahrhunderts als Reaktion auf die »nach innen gekehrte« »Fakultäts«-Psychologie, welche die menschliche Natur in Begriffen unsichtbarer emotioneller und geistiger, dem bewussten »Mind« zugeschriebener Zustände erklärten. Der Behaviorismus formte sich unglücklicherweise selbst nach der sichtbaren mechanischen Newtonschen Physik gerade zu dem Zeitpunkt, als die Einsteinschen Begriffe und unsichtbaren Zustände in den Vordergrund traten. Im Verlauf des letzten halben Jahrhunderts haben wir eine zunehmende »Verinnerlichung« auf dem Gebiet der Physik und der Genetik beobachten können. Die signifikante (und bezeichnenderweise übersehene) Tatsache der neuen Mikro-Wissenschaften ist der Umstand, dass Funktionen, Bedeutungen und gesetzmässige Ordnungen in innern, dem blossem Auge unsichtbaren Organismen lokalisiert waren, die in vielen Fällen den geistigen Kräften, wie sie von Psychoanalytikern, Theologen und Philosophen den metaphysischen Wesenheiten innerhalb der menschlichen »Seele« oder »Psyche« zugeschrieben werden, gleichzustellen sind. Alte Hindu-Theorien, beispielsweise jene über die Einheit des Bewusstseins, finden nun eine empirische Bestätigung, indem das Nervensystem

Die signifikante (und bezeichnenderweise übersehene) Tatsache der neuen Mikro-Wissenschaften ist der Umstand, dass Funktionen, Bedeutungen und gesetzmässige Ordnungen in innern, dem blossen Auge unsichtbaren Organismen lokalisiert waren, die in vielen Fällen den geistigen Kräften, wie sie von Psychoanalytikern, Theologen und Philosophen den metaphysischen Wesenheiten innerhalb der menschlichen »Seele« oder »Psyche« zugeschrieben werden.

als ein aus dreissig Milliarden Zellen bestehendes, untereinander verbundenes Netz beschrieben wird. Alte vedische Gedanken zur Einheit des Lebens werden durch die Entdeckung bestätigt, dass innerhalb der Aminosäure-Anordnungen – dem genetischen Material aller lebenden Wesen, Pflanzen und Primaten – nur geringe Unterschiede zu finden sind. Die von Physikern wie Jack Sarfatti und John Archibald Wheeler aufgestellten Theorien ordnen dem Bewusstsein wieder einen Platz im Zentrum des nuklearen und quantenmechanischen Schauplatzes zu.

Wenn wir die Arbeit der Konditionierungs-Psychologen vom Standpunkt eines sieben Schaltkreise (plus einen weiteren) umfassenden Nervensystems aus betrachten, so können wir sehr genau feststellen, wo und warum dem Behaviorismus Grenzen gesetzt sind. Handlungsbezogene Konditionierung ist an dem vom »sozialen« Gehirn übermittelten Verhalten beteiligt. Erlernte »dienliche« Handlungen. Skinnerismus bildet die Krönung der Dritten-Schaltkreis-Gesellschaft, jener unbewussten, maschinenmässigen Zivilisation, die im Neolithikum ihren Anfang nahm und in Henry Fords Fliessbändern gipfelte. Skinnerismus ist die philosophische Schlusserklärung der puritanischen protestantisch-ethischen Drahtzieher, welche die Welt während vierhundert Jahren – bis hin zu Hiroshima – dominiert hatten.

In diesem Zusammenhang wollen wir die ominöse Bedeutung des Grundbegriffes nochmals überlegen: »Der Begriff **dienlich** leitet sich von der Tatsache ab, dass dienliches Verhalten dazu ›dient‹, via Umwelt eine bestimmte Wirkung zu erzeugen ... Um dienliche Konditionierung zu bewirken, wird eine hungrige Ratte in eine Kiste gesetzt ... Ein grosser Teil menschlichen Verhaltens kann als ›dienlich‹ klassifiziert werden; das Drehen eines Schlüssels im Loch, Autofahren ...« Hier arbeitet der dritte Schaltkreis.

Während des Zweiten Weltkriegs war Professor Skinner mit einem Projekt des Kriegsdepartements beschäftigt; man versuchte, Tauben so zu trainieren, dass sie auf Armaturbrettern herumpickten, mit deren Hilfe unbemannte Bomber auf »feindliche« Ziele gelenkt werden sollten.

Ein anderer Aspekt dienlicher Konditionierung, der eine kritische Erläuterung wert sein dürfte ...

20. Das Konditionieren kann eine Prägung nicht ändern

Die Menschheit hat sich bis zu jenem Punkt entwickelt, wo sie zum Wissen um die Beherrschung des Nervensystems Zugang findet. Die Neurologik hat rudimentäre Methoden hervorgebracht, um Prägungen ausser Kraft setzen und neue neurale Prägungen bewerkstelligen zu können. Obwohl dieses Wissen mit Mühe unterdrückt wird, ist der Grundbegriff, wonach die »Wirklichkeit« vom individuellen Nervensystem hervorgerufen wird, von Millionen nach 1945 geborenen Menschen erfasst worden.

Die Skinnerianer versuchen, das symbolische, manipulierbare Verhalten des dritten Schaltkreises zu »formen«. Dies kann eine nutzlose oder gefährlich/zwingende Angelegenheit sein. »Dienliches« Konditionieren »funktioniert« mit Hilfe sofortiger und kontinuierlicher Verstärkung. Prägung benötigt keine Verstärkung. Wie es der Psy-Phy-Jesuit möglicherweise ausdrückt: Lasst mich den Säugling prägen, und ihr könnt das grössere Kind vergeblich zu konditionieren versuchen; lasst mich das größere Kind prägen, und ihr könnt den Halbwüchsigen vergeblich zu konditionieren versuchen; lasst mich den Halbwüchsigen prägen, und ihr werdet den Erwachsenen vergeblich zu konditionieren versuchen.

Die Prägung erfordert keine wiederholte Belohnung oder Bestrafung. Die neurale Fixierung ist permanent. Nur biochemischer Schock kann die neuro-umbilikalen Verbindungen frei machen. Im Gegenteil; bei fehlender Wiederholung flaut die konditionierte Assoziation ab oder verschwindet.

Neurale Prägungen sind abgeleitete Strukturen, verglichen mit genetischen Schablonen, welche die Form des neuralen Roboters bestimmen.

Neurale Prägungen sind zufällige lokale Zielscheiben für die von der **DNS** festgelegten biochemischen Kräftefelder; letztere rufen die **RNS** auf den Plan, damit sie den Körper und das Nervensystem aufbaut.

Die Menschheit hat sich bis zu jenem Punkt entwickelt, wo sie zum Wissen um die Beherrschung des Nervensystems Zugang findet. Die **Neurologik** hat rudimentäre Methoden hervorgebracht, um Prägungen ausser Kraft zu setzen und neurale Prägungen bewerkstelligen zu können. Obwohl dieses Wissen mit Mühe unterdrückt wird, ist der Grundbegriff, wonach die »Wirklichkeit« vom individuellen Nervensystem hervorgerufen wird, von Millionen nach 1945 geborenen Menschen erfasst worden.

Die genetische Technik ist sehr viel bedeutender als die neurale. Die Forschungsarbeiten von Paul, Stein und Kleinsmith auf dem Gebiet der nicht-histonen Proteine bilden den Schlüssel zur Beherrschung der Genetik. Und das Schaffen von Bruce Niklas und Duke erinnert uns an die Kompromisslosigkeit jener Chromosomenmuster, welche die Körperstruktur bestimmen.[*]

Es gibt zwei Gruppierungen von Technokraten, die lauthals verkünden, dass sie das Verhalten ihrer Mitbürger verändern würden. Strafende Nötiger des rechten Flügels und liberale

---

[*] Niklas berichtet, dass bei einer experimentell bewirkten Unordnung unter den Chromosomenfäden – man stösst sie mit einer Mikronadel durcheinander –, die Moleküle in ihre ursprüngliche Reihenfolge zurückkehren, ähnlich den Eisenspänen, die als Antwort auf den Magnetismus in eine gewisse Position »schwimmen«. Dies legt den Gedanken nahe, dass gewisse Energiefeldmuster an der Arbeit sind, die den *DNS*-Code zusammenhängend klar und logisch erhalten. Ein mikroskopisches genetisches Gehirn kontrolliert die Evolutionssignale und ordnet sie entsprechend zu.

Die Symbol-Dummheit durchdringt jede larvale Gesellschaft, so dass für ein Kind nahezu keine Chance besteht, auf einen offenen, starken, beweglichen, in der Tat wahrhaftigen, im Sinne eines elektrischen Schaltkreises geschlossenen Geist zu stossen.

Belohner. Die Bemühungen beider Bürokratengruppen sind nutzlos, weil sie neu zu konditionieren, anstatt neu zu prägen versuchen.

Strafende Nötigung funktioniert nur so lange, wie die Bedrohung aufrechterhalten bleibt – und dies bedingt einen Polizeistaat.

Die liberalen gesellschaftsbezogenen Psychologen glauben, dass sie das Verhalten mit Hilfe demokratischer, unterstützender, egalisierender Erziehungsmethoden verändern können. Senkrechtstarter-Programme. Friedenskorps.

Verhaltens-Änderung. Küsschen verteilen. Belehren. Stipendien zahlen. Verständnisvolle Therapien. Verfahren zur Förderung geistiger Gesundheit.

Diese liberalen Annäherungen bewirken keine Veränderung und dienen lediglich der Unterstützung einer »humanistischen« Wohlfahrts-Bürokratie.

Die Experimental-Psychologen, für die B. F. Skinner als Sprecher auftritt, sind intelligenter. Sie glauben, dass sie eine Verhaltensänderung mit Hilfe der unfreiwilligen dienlichen Konditionierung aufdrängen können. Dies erfordert jedoch eine vollständige und ununterbrochene Beherrschung der Verstärkungsmechanismen – Belohnungen und Bestrafungen. Das Problem ist die Tatsache, dass psychologische Verfahren nur dann funktionieren, wenn die Konditionierer stets zur Verstärkung bereitstehen. Die Liberalen müssen somit ununterbrochen Wohlfahrtszahlungen und Stipendien verteilen, Unterstützungen und Leistungen erbringen.

Die Skinnerschen Drahtzieher müssen stets die Reaktion der Umwelt überwachen.

Sobald die »Untertanen« ihren eigenen Einfällen überlassen bleiben, treiben sie wieder sofort, wie von Magneten angezogen, auf die Prägung (und auf die Struktur der genetischen Schablone) zu.

Dies ruft bei domestizierten Mittelklasse-Leuten keine Probleme hervor: sie sind von der Fügsamkeit und Angst geprägt, welche für den zweiten Schaltkreis die innere Überwachung, die wiederholende Symbolmanipulation des dritten Schaltkreises und das »Schamgefühl« des vierten Schaltkreises bewirken. Die Schulen der Gesellschaft prägen die Kinder sorgfältig auf Dummheit, so dass das Hemmen einer Fragen stellenden Intelligenz zur einfachen, rein mechanischen Angelegenheit wird. Die Symbol-Dummheit durchdringt jede larvale Gesellschaft, so dass für ein Kind nahezu keine Chance besteht, auf einen offenen, starken, beweglichen, in der Tat wahrhaftigen, im Sinne eines elektrischen Schaltkreises geschlossenen Geist zu stossen. Die Nutzlosigkeit psychologischen Konditionierens und die unverrückbare Gültigkeit von Prägungen sind im Rahmen des vierten Schaltkreises am besten ersichtlich. Das Neukonditionieren sexueller Prägungen ist beinahe unmöglich – so gelingt es kaum, einen Homosexuellen mit gesellschaftssymbolischen Belohnungen oder körperlicher Bestrafung, Elektroschocks oder mittels eine Aversion bewirkenden Drogen zu rekonditionieren. Untersuchen wir einmal, wieviel Erfolg die psychologischen Konditionierer auf dem Gebiet der Fetische – besonderer, eingeprägter Lüste – und deren Beseitigung hatten. Falls der Sexualmechanismus des vierten Schaltkreises auf einen bestimmten äusserlichen Lust-Stimulus eingestellt ist, kann selbst die Menopause an jenen Belangen nichts ändern, die von der Biochemie der synaptischen Verbindung eingeätzt, eingegraben und eingeprägt worden sind.

21. Eine auf konditioniertes Verhalten beruhende Gesellschaft muss auf Kontrolle und Geheimhaltung bauen.

Um das menschliche Verhalten konditionieren zu können, ist es nötig, den Stimulus während der Kindheit frühzeitig unter Kontrolle zu bekommen und dieselbe lebenslänglich beizubehalten.

Die larvalen Gesellschaften, die heute unseren Planeten beherrschen, können sich nur halten, indem sie die nötigenden und manipulativen Konditionierungs-Methoden zur Formung, Leitung und Beherrschung des Verhaltens stets vermehrt zur Anwendung bringen.
B. F. Skinner, der Harvard-Behaviorist, hat in seinem Buch *Beyond Freedom and Dignity* die Lage der politischen Konditionierer aufgezeigt. Sie kann sehr einfach umschrieben werden: »Da die Menschen, denen es anheimgestellt ist, frei zu handeln, nicht verantwortungsvoll handeln werden, müssen sie psychologisch genötigt und darauf konditioniert werden, pflichtbewusst, tugendhaft, verlässlich, prompt, fähig, glücklich und gesetzeshörig zu sein. Die Menschen müssen ununterbrochen mittels Belohnungen und Bestrafungen dazu gebracht werden, das Richtige zu tun.«
Es gibt zwei Aspekte des gesellschaftlichen Konditionierungs-Regimes, die von Skinner nicht hervorgehoben werden. Damit die Sache klappt, müssen die Regierungs-Psychologen ihre Bürgerschaft unter **totaler Kontrolle** haben, und es muss **totale Geheimhaltung** und Zensur herrschen.
Im Jahre 1961 kam ein begeisterter Skinnerianer an das Zentrum für Persönlichkeitsforschung der Harvard-Universität, der über die Anwendung der dienlichen Konditionierung bei Patienten einer psychiatrischen Klinik berichtete. Eine der zu verhindernden Verhaltensformen war das verbale Äussern von Halluzinationen. Nun, viele unter uns sind der Ansicht, dass Halluzinationen innerhalb der Psyche von funktioneller Bedeutung seien und dass deren anatomische Ausrottung der gewaltsamen Einschränkung einer Botschaft gleichkomme, die im Rahmen der Realität des Übermittlers von Belang sei, selbst wenn sie in jener des Psychologen als unverständlich oder nutzlos gelten sollte. Käme dabei die Technik der sofortigen Verstärkung zur Anwendung, so würden die Skinnerianer dem Patienten unverzüglich eine Zigarette drehen, sobald dieser eine nicht-halluzinatorische Bemerkung macht und ihm jedesmal, sobald er halluziniert, die Zigarette wieder wegnehmen. Der Forscher verkündete fröhlich, dass der Anteil halluzinatorischer Äusserungen auf diese Weise signifikant abfallen würde. Noch eindrücklichere Verhaltensänderungen zeigen sich im Zusammenhang mit Nahrungsgabe oder Nahrungsentzug. Der Skinnerianer beschwerte sich missmutig, die Spitalgesetze hätten verhindert, dass dieses Experiment bis zu einem nützlichen Punkt des Aushungerns durchgeführt werden konnte. »Wenn wir die Nahrungsaufnahme vollständig unter Kontrolle halten könnten, wäre es uns wirklich möglich, das Verhalten zu formen«, sagte der Konditionierer, der möglicherweise den milden Kommentar eines Belegschaftsmitgliedes gehört hat – vielleicht aber auch nicht –, wonach diese Technik von den meisten Diktatoren der Weltgeschichte angewandt worden ist.
Um das menschliche Verhalten konditionieren zu können, ist es nötig, den Stimulus während der Kindheit frühzeitig unter Kontrolle zu bekommen und dieselbe lebenslänglich beizubehalten. Im zukünftigen Idealzustand wäre der Konditionierungsvorgang von einem ununterbrochenen psychologischen Test begleitet, auf dass besondere Neigungen und potentielle Querschläger frühzeitig erkannt werden, damit Konditionierungsprogramme aufgestellt werden können, die darauf zugeschnitten sind, individuelle Exzentrität auszumerzen.

Betrachten wir einmal jenen Hund, der einen Purzelbaum schlägt, um seinen Knochen zu erhalten. Wird er sich auch in Abwesenheit seines Meisters überschlagen? Letzteres war der Alptraum des alternden Mao.

Die politische Konditionierung erfordert nicht nur die Beherrschung von Belohnung und Bestrafung, sondern auch Geheimhaltung.

Ein dissidenter, freiheitsorientierter Psychologe kann einen psychologischen Faschismus mittels öffentlicher Blossstellung vollständig sprengen. Wenn Eltern und sogar Kinder bezüglich der Konditionierungsmethodik gewarnt sind, können sie bewusst entscheiden, ob sie mitmachen oder sich dagegenstellen wollen – sei es passiv oder aktiv. Die meisten psychologischen Tests sind wirkungslos, falls die Testpersonen vor deren Zweck und dem Aufbau gewarnt worden sind. Selbst der Verwendung von Drogen im Rahmen von Gehirnwäschen kann von jenen Widerstand geleistet werden, die über die besondere Wirkungsweise neurochemischer Stoffe informiert sind.

Psychologische Konditionierungstechniken können in einer Demokratie nicht angewandt werden, in der es möglich ist, dass Minoritätsgruppen dagegen zu Felde ziehen, die verwendeten Methoden öffentlich zur Diskussion bringen, die Antworten auf Eignungsauslesetests veröffentlichen und wo Bürger das Recht haben, sich den Konditionierern zu entziehen.

Somit können die Vorschläge B. F. Skinners nicht realisiert werden, ausser in einem Staate, in welchem die Regierung eine totale Kontrolle über die Kommunikation ausübt.

Wenn diese Kontrollmomente nicht ununterbrochen verstärkt und in Erinnerung gerufen werden (die überall vorhandenen Slogans des Polizeistaates, die allgegenwärtigen Reklamen des Konsumstaates), so vergessen die Leute ganz einfach das ihnen anerzogene Verhalten und treiben zu ihren Prägungen – und ihrer genetisch-roboterhaften Lebenshaltung – zurück.

Betrachten wir einmal jenen Hund, der einen Purzelbaum schlägt, um seinen Knochen zu erhalten. Wird er sich auch in Abwesenheit seines Meisters überschlagen? Letzteres war der Alptraum des alternden Mao.

Das menschliche Verhalten wird bestimmt durch:
     die genetisch-neurale Schablone (Tierkreis-Typ) – und – die Prägung.

Wenn das Kind zur Schule geht, ist es zu spät für eine Unterweisung. Falls SiEr bereits von ihrem/seinem Elternhaus oder ihrer/seiner Gruppe von Ebenbürtigen einen gewandten symbolbezogenen Mind eingeprägt erhalten hat, wird SiEr ungeachtet der Lehrer lernen.*

Eine reichlich dünne Tünche von dienlich-konditioniertem Verhalten bildet die schwache Fassade domestizierter Zivilisation.

Die larvale Menschheit sieht sich heute an einem genetischen Scheideweg. Einige werden sich für die Festigung der Gesellschaftskonditionierung entschliessen, indem sie die Umgebung des Kindes manipulieren und dadurch die Prägung »domestizieren«; Maoismus.

Andere werden den Schritt zur Mutation auf eine höhere Stufe wählen, wo jedermann erlernt, seine eigene Prägung und Konditionierung zu leiten und unter Kontrolle zu halten. Wir können erwarten, dass in beiden Richtungen zahlreiche unterschiedliche soziale Gruppierungen in Erscheinung treten werden.

Wir haben lediglich die genetisch, neural und gesellschaftlich bedingten Konditionierungseinschränkungen ins Auge gefasst. Wir werden uns nun die befreienden und einschränkenden Begleitumstände der **seriemässigen Neu-Prägung** anschauen.

---

* Der Begriff »Mind« geht auf die Grundorientierung der Kehlkopfmuskeln und der rechten Hand zurück, welche die Art der Symbolmanipulation bestimmen, auf die das gesellschaftliche Konditionieren seine Belohnungen und Bestrafungen aufpfropft.

22. Die Prägung wird durch die lokale Umgebung eingeschränkt

Der auf Symbole dienlich-konditionierte Roboter ist belohnungssüchtig. Falls wir die symbolbezogene »belohnende« Umwelt ausschalten, falls wir keinen konditionierten Stimulus hervorbringen, wird der humanoide Roboter verrückt, weil SiEr nichts zu tun hat.

Unterweisende, konditionierende und andere erzieherische oder zwingende Methoden der Verhaltensüberwachung sind auf Sand gebaut. Nach der täglichen Flut von Assoziationen und Belohnungs/Bestrafungs-Erlebnissen müssen die Zusammenhänge wiederholt werden. Die zwingende Natur erlernten Verhaltens ist nicht klar ersichtlich, weil sie spontan erscheint – in der Tat wird der konditionierte Roboter zwangsmässig auf seinen Platz in der Sandkiste zurückgezogen. Die larvale Zvilisation gleicht einer Beckett-Landschaft. Jeden Morgen eilen Millionen von Humanoiden zu ihren Sandhaufen und beginnen erneut zu bauen.

Die Qualen des Sisyphus waren im Vergleich zur Monotonie der gesellschaftlichen Konditionierung ein spannendes heldenhaftes Abenteuer. Der auf Symbole dienlich-konditionierte Roboter ist belohnungssüchtig. Falls wir die symbolbezogene »belohnende« Umwelt ausschalten, falls wir keinen konditionierten Stimulus hervorbringen, wird der humanoide Roboter verrückt, weil SiEr nichts zu tun hat. Wir können zutreffend von Stimulus-Junkies sprechen; wenn keine Sandkiste und kein Sand zur Bearbeitung vorhanden sind, herrscht Panik. Gesellschaftlicher Entzug bewirkt einen verzweifelten Hunger nach Belohnung. Die gesellschaftliche Realität konditionierter Reaktionen erfordert ununterbrochene Belohnung. Die Gefangenen errichten stets von neuem ihre einschränkenden Wirklichkeitswände, die zerbröckeln, sobald sie nicht pausenlos verstärkt werden.

Die dienliche Konditionierung ist roboterhaft und kann nur in einer kontrollierten, fahrplan- und zwangsmässig funktionierenden Gesellschaft existieren.

Falls man – um bei diesem recht sandigen Vergleich zu bleiben – das Konditionieren mit dem Errichten von Sandgebilden vergleicht, so kommt die Prägung gestanzten Metallmustern gleich. Der Versuch, eine Prägung mittels Belohnung/Bestrafung umzukonditionieren, ist, als ob man einige Sandkörner auf geschmiedeten Stahl fallen liesse. Im Verlauf von Jahrzehnten kann Sand Eisen zerstören. Der Alterungsprozess kann die Prägung abnützen – der alternde Politiker wird faul, der alternde Homosexuelle zu müde, usw.

Um die Gestalt von Metallformen abzuändern, müssen wir genügend Energie aufwenden, um die Anordnung der Moleküle neu gestalten zu können. Wir verändern das elektromagnetische Feld. Dasselbe gilt für die neuralen Prägungen. Gerade so wie in der Metallurgie Hitze angewandt werden muss, ist es hier notwendig, grosse Mengen biochemischer Energie zu verwenden, um die molekularen synaptischen Bindungen zu lösen. Innerliche Stimuli – Drogen, Trauma, Krankheit, Verzückung, Schock – können die äusserlichen neuralen Rettungsanker zum Rückzug bringen.

So wie erhitztes Metall in neuer Gestalt aushärtet, so »härtet« das neu-geprägte Nervensystem in neue Schaltkreise aus und erstarrt in neuen Membranformen. Wir sprechen hier von psychedelischer Metallurgie, serienmässiger Neu-Prägung, der neurologischen Fähigkeit einer Umformung der sieben Minds und von einem Wiederanschliessen der bioelektrischen Schaltungen.

Mit dem gegenwärtigen Repertoire von Neurotransmittern des sechsten Schaltkreises ist eine Neuprägung offenbar nur einmal wöchentlich möglich. Man kann nicht täglich neu-prä-

Wenn die Umgestaltung des Mind immer und immer wieder an demselben Ort und mit dem gleichen Set von Wesensmerkmalen stattfindet (letzteres besteht gewöhnlich aus den larvalen Egos eines Menschen), dann wiederholt sich dieselbe neurale Form.

gen. Eine neue Mind-Form benötigt fünf bis sieben Tage, um auszuhärten. LSD-Untersuchungen deuten darauf hin, dass der Aufbau der Struktur eine Rückbildungsperiode von einer Woche beansprucht.

Falls jemand während vierzig Jahren wöchentlich eine vollständige LSD-Neuprägung durchmachen würde, wären zweitausend Neuprägungen möglich. Dies bedeutet, dass zweitausend periodische Reinkarnationen durchlebt werden könnten. Es ist offensichtlich; selbst wenn man all die Mythen durchspielen würde, wenn man all die möglichen Rollen eingeprägt hätte und die Neu-Prägungen auf alle Sinnesorgane und deren Verbindungen gerichtet wären, so fühlte man sich arg bedrängt, wollte man all diese unzähligen Reinkarnationen erfahren und ausleben.

Das Bedrückende bei gelegentlichen LSD-Sitzungen ist die Tatsache, dass schlecht vorbereitete Leute dazu neigen, die in der Vergangenheit konditionierte Struktur neu zu prägen; auf diese Weise werden die gehabten Muster der alten Inselrealität mit neuer Energie aufgeladen.

Ein Grundprinzip der Exo-Psychologie besagt, dass sich die Konditionierung rund um den Bereich der positiven und negativen Pole der Prägung konzentriert. Das Fixieren der Prägung findet augenblicklich statt. Das Konditionieren **nach** der Prägung braucht jedoch Zeit und erfordert Wiederholung. So bauen sich im Verlauf der Jahre beispielsweise rund um die erste Sexualprägung Milliarden von konditionierten Assoziationen auf. Auf diese Weise wird die Struktur einer Persönlichkeit gebildet.

Während einer Neuprägungs-Sitzung ist es möglich, dass die Prägung die alte konditionierte Struktur miteinbezieht; man prägt zum Beispiel seine(n) Gattin/Gatten neu. Dort, wo neue Modelle geprägt werden, ist es nötig, dass man um dieselben neuen Zyklen konditionierter Reflexe aufzubauen beginnt. Das braucht Zeit. Einige frühe LSD-Forscher folgerten, dass zwischen zwei LSD-Sitzungen eine Pause von sechs Monaten liegen sollte. Mit psychologischen Fachworten gesagt: »man arbeitet sich durch die neuen Einblicke.« Die Exo-Psychologie sagt dazu: »Man ermöglicht der neuen Konditionierung rund um die neuen Prägungen ihr Netzwerk zu spannen.« Das neue Prägungsmodell muss während der Neukonditionierung jedoch anwesend sein.

Die Neurologik verlangt deshalb, dass eine Neuprägungssitzung sorgfältig geplant wird, damit jene Aspekte vorgängiger Realitäten, die man in die zukünftige Realität einzubeziehen wünscht, bereitstehen, um geprägt zu werden. Im Verlauf der »sensitiven« Periode geprägte neue Denkmuster müssen so weit vorhanden bleiben, damit um sie herum neu konditionierte Assoziationen aufgebaut werden können.

Gewöhnlich prägt der Mensch alte konditionierte Stimuli neu ein.

Oft vernimmt man von Leuten, die LSD wiederholt verwendet hatten, die Klage, dass sich nach einer gewissen Zeit dieselben »Trips« einstellten. Kritische Anmerkungen dieser Art verraten einen Mangel an Kenntnissen in bezug auf den Neuprägungsvorgang. Wenn die Umgestaltung des Mind immer und immer wieder an demselben Ort und mit dem gleichen Set von Wesensmerkmalen stattfindet (letzteres besteht gewöhnlich aus den larvalen Egos eines Menschen), dann wiederholt sich dieselbe neurale Form. Es ist, wie wenn man die präzi-

Die Konflikte – innerer und gesellschaftlicher Art –, welche die larvale Menschheit plagen, sind oft auf die Nichtübereinstimmung der sozial-neural-genetischen Strukturen zurückzuführen.

seste und teuerste Photokamera besitzt und damit ununterbrochen, von demselben Standort aus denselben Gegenstand photographiert.

Ein gedankenschwerer Gebrauch der umgestaltenden, reinkarnierenden Möglichkeiten des Nervensystems ist von jenen beiden Neurologen – ein neuverheiratetes Paar – durch Beispiele belegt worden, die zu einer psychedelischen Weltreise aufbrachen. Der erste Schritt dazu war der Kauf von Rund-um-die-Welt-Flugtickets, die innerhalb eines Jahres verwendet werden mussten. Das Paar stellte sich sodann als Satelliten auf der Umlaufbahn des Planeten vor, welche die Umkreisung innerhalb von zwölf Monaten vollenden mussten.

Das Unternehmen spielte sich so ab, dass sie in ein Land flogen und sich dort nach dem »geistigen« Zentrum der Nation erkundigten. In Japan sagte man ihnen, dass sie sich nach Kyoto begeben sollten; in Indien nach Benares; in Griechenland nach Eleusis usw. In Kyoto erkundigten sie sich nach dem geistigen Zentrum, der »Seele« dieses Ortes.

Man gab ihnen zahlreiche Ratschläge, und sie besuchten jedes Zentrum, um neurogenetische Schwingungen aufsaugen zu können. Sie lasen eine Woche lang über Geschichte, Politik, Kultur, Kunst und Mythen Japans und Kyotos. Dann begaben sie sich an den »heiligsten« Ort und nahmen eine neuro-aktive, den sechsten Schaltkreis beeinflussende Substanz ein, die alte Prägungen aufhob und das Nervensystem für neue Prägungen frei machte – ein Vorgang, der in diesem Falle seine Struktur von der Architektur und den Insignien des kaiserlichen Palastes ableitete. Während sechs Stunden nahmen sie die Signale dieses Ortes auf und wurden somit neurologisch »japanisiert«.

Dies ist der einzige Weg, »die Welt zu sehen«[*] – die Wurzeln der Prägung rückgängig zu machen und das freie Nervensystem an einen neuen Schauplatz zu bringen, auf dem sich die neuralen Leitungen ausgedehnt haben. (Siehe Diagramme 13-24.)

Ohne eine solche Flexibilität – im Sinne von Anfechtbarkeit – können wir nichts ausserhalb der Membran erleben, das zur Zeit der vorigen Prägung gebildet worden ist. Diese Prägung ist für die Larvalen deren Jugendzeit oder, im Falle von Frauen, deren jüngste Niederkunft. Die meisten Weltreisenden bewegen ihre Roboterkörper von Land zu Land und erleben dabei lediglich Symbol-Versionen ihrer eigenen Heimat.

»Neurales« Reisen dieser Art stellt keineswegs ein Ende in sich selbst dar, sondern eine rudimentäre Übung für Neurologen, mit deren Hilfe sie die Einsteinschen Serienmöglichkeiten des Gehirns anzuwenden erlernen.

Ziel des Neurologikers ist die Vergrösserung nicht nur des Bewusstseins, sondern auch der Intelligenz. Bewusstseinsintelligenz: lernen, wie man Realitäten mit Hilfe serienmässiger Neu-Prägung verschiebt und verändert. Wenn das Nervensystem mit Einsteinscher relativistischer Geschwindigkeit benutzt werden kann, so werden die passiven Grenzen des Nervensystems offensichtlich. Es gibt genetische Grundgrössen, die mittels Neu-Prägungen nicht geändert werden können. Geradeso wie eine dienliche Konditionierung im Vergleich zur neuralen Prägung nutzlos ist, so ist die Prägung im Vergleich zur **genetischen Schablone** eine überflüssige Angelegenheit.

---

[*] Wir verwenden den Ausdruck »sehen« im Sinne Don Juans als Gegensatz zu »schauen«.

Wenn das Nervensystem mit Einsteinscher relativistischer Geschwindigkeit benutzt werden kann, so werden die passiven Grenzen des Nervensystems offensichtlich.

Wir rufen nochmals in Erinnerung: die Prägung hakt die körperlich-neurale Anlage an einem fundamentalen äusseren Punkt fest. Die Umgebung (einschliesslich des Körpers) prägt das Nervensystem, so wie ein Film in der Kamera geprägt – d. h. belichtet – wird. Dennoch: die Kamera ist von der **DNS** entworfen und erdacht worden. Der Vorgang des Filmens wird von der Beschaffenheit der Kamera bestimmt und in Grenzen gehalten.

Die offensichtlichste Darstellung der Beziehung zwischen Konditionierung, Prägung und genetischer Schablonisierung findet sich in der sexuellen Reaktion.

Zur Zeit der Empfängnis prägt die **DNS** Geschlecht und Urtyp (Tierkreiszeichen) des Nervensystems.

Das Nervensystem prägt nun während der Pubertät den Auslöse-Stimulus des sexuellen Mechanismus. Danach nimmt sich die gesellschaftliche Konditionierung – unterstützend oder entkräftigend (und oft auch auf grausame Weise) – des Ergebnisses dieses Dreiphasenprogramms an, indem sie für die Tugend gesellschaftliche Belohnungen und für die »Sünde« entsprechende Bestrafungen einsetzt.

Die Konflikte – innerer und gesellschaftlicher Art –, welche die larvale Menschheit plagen, sind oft auf die Nichtübereinstimmung der sozial-neural-genetischen Strukturen zurückzuführen.

Konditioniertes Verhalten zu ändern ist eine einfache Angelegenheit; man begibt sich lediglich in eine andere Belohnungs/Bestrafungs-Szenerie.

Um Prägungen zu verändern, bedarf es des Know-how der Neurologik.

Die genetische Schablone, die kräftigste Determinante menschlichen Verhaltens, kann zu diesem Zeitpunkt nicht umgestaltet werden – sie kann nur verstanden und angepasst werden. Wenn sich die nach-larvale Menschheit auf die Stufe 20 entwickelt hat (genetische Steuerung), so wird die Veränderung der genetischen Vorwahl möglich sein.

23. Der intelligenteste Gebrauch des Nervensystems: Die Prägung des genetischen Code

Neurologik ist die Wissenschaft des selektiven Neu-Prägens. Das Nervensystem wird als Filmkamera eingesetzt. Das bewusste Erschaffen einer logischen Folge von Realitäten.

Die Struktur des Körpers und des Nervensystems wird vom genetischen Code vorbestimmt.

Der Code ist ein Aminosäure-Zeit-Script, das die über mehrere Milliarden Jahre ablaufende logische Folge biologischer Evolution enthält; Vergangenheit und Zukunft.

Die erste Aufgabe des Lebens auf diesem Planeten bestand in der Umgestaltung der Atmosphäre. Pflanzliches Leben produziert den für spätere Phasen beweglichen, tierischen Lebens notwendigen Sauerstoff. Dieser Vorgang wird als **Terra-Formgebung** bezeichnet.

Nachdem der Sauerstoff vorhanden war, setzte der Code Kiemen, Lungen und andere, Sauerstoff transportierende Körperorgane in Bewegung, um die nächste Entwicklungsphase hervorzurufen.

Die Entwicklung der Menschheit ist für die kommenden Milliarden Jahre möglicherweise bereits im genetischen Code festgelegt. Sie wird von chemisch maskierten, als Histone bezeichneten Barrieren blockiert und von nicht-histonen Proteinen ausgelöst.[*]

Das **DNS**-Programm hat uns dazu bestimmt, das Leben über unseren Planeten hinauszutragen, uns in Zustände der Höchstgeschwindigkeit und der Relativität der Zeit zu begeben, symbiotische Langlebigkeit zu erlangen, Nuklear-Fusionsenergien zu entwickeln und zu benützen, die uns durch die Galaxis transportieren; möglicherweise werden wir uns über alles, was wir heute wissen, hinausentwickeln.

Der intelligente Mensch der 70er und 80er Jahre unseres Jahrhunderts hat genug Beweismaterial zur Hand, um den allgemeinen Verlauf der zukünftigen Entwicklung voraussagen zu können, und – aufgrund dieser unvermeidlichen Fakten – an einer neurologischen Mutation teilzuhaben. Es ist Zeit, unsere Köpfe zu gebrauchen, sehr bewusstseinsintelligent und sehr schnell zu werden.

Wer sich selbst gestattet, von Konditionierungen oder zufälligen Kindheitsprägungen beherrscht zu werden, akzeptiert die Roboterschaft. Um den genetischen Anweisungen zu folgen, ist eine Umformung larvaler Prägungen und die Erschaffung neuer neuraler Wirklichkeiten, neuer auf die Einsteinsche Relativität beruhender Sprachen notwendig. Schaffe die Zukunft und präge sie.

Neurologik ist die Wissenschaft des selektiven Neu-Prägens. Das Nervensystem wird als Filmkamera eingesetzt. Das bewusste Erschaffen einer logischen Folge von Realitäten.

Es sei daran erinnert, dass die Neurologik der Neurogenetik als Werkzeug dient. Es ist nicht sehr sinnvoll, larvale oder somatisch bedingte Formen der Realität stets neu zu prägen. Der sechste Schaltkreis ist für eine ausserirdische Existenz bestimmt; für ein nach-menschliches, genetisches Bewusstsein. Neurotransmitter-Drogen wie LSD sind somit in ihrer Funktion als nach-larval einzustufen.

Der **DNS**-Code enthält das gesamte Lebens-Programm – die Geschichte der Vergangenheit und die Vorschau auf die Zukunft. Der intelligente Gebrauch des Gehirns besteht in der Prägung des **DNS**-Code.

---

[*] Die Zukunft der nach-larvalen Menschheit liegt in den ungebrauchten Teilen unseres genetischen Code brach – auf dieselbe Weise, wie der »Schmetterling« potentiell in den Chromosomen der Raupe verborgen liegt.

24. Die Entwicklung erfordert, dass einige von uns Bewusstseins-Agenten der Zukunft werden.

Eine Möglichkeit wird im Rahmen von Zukunftsprojektionen gewohnheitsmässig ausgelassen – das plötzliche, weltweite Aufblühen der Bewusstseinsintelligenz.

Bis heute war es den Menschen neurologisch nicht möglich, sich von der Zukunft eine Vorstellung zu machen.

Diese Hemmung (Neo-Phobie) ist genetisch bedingt. Das larvale Nervensystem bringt erdgebundene Realitäten hervor. Für die Raupe wäre es ein Überlebensrisiko, wollte sie ans Fliegen »denken«. In der Tat kann die Raupe nicht ans Fliegen denken, weil sie keine Flügel besitzt. Wir nehmen an, dass die vor-menschlichen Lebensformen noch über keinen Zeitbegriff, über keine Möglichkeit einer Zukunftsschau verfügen; dass die mit dem direkten Überlebensschaltkreis operierenden Säuger keine Erfassungskraft in bezug auf den Entwicklungsplan haben.*

Den Schlüssel zur Entwicklung über die larvalen Formen hinaus bilden das Verständnis und die Beherrschung der Zeit.

Das Auftauchen des laryngo-manuellen Schaltkreises, die paläolithische Entfaltung der Symbolmanipulation der linken Hirnhälfte und des Logisch-Befehlenden ermöglichte der Menschheit über Generationen die Übermittlung vokaler, schriftlicher und auf Kunsterzeugnisse bezogener Zeit-Signale. Dienliches Konditionieren und förderliches Lernen sichern die Übermittlung der Kultur von der Vergangenheit bis zur Gegenwart.

Die larvale Zeitgebundenheit umfasst sehr kurze Zeitabschnitte und enge Blickwinkel. Der Bauer richtet seinen Blick auf die nächste Ernte; der Politiker auf die nächsten Wahlen. Der Bürokrat freut sich auf den Zahltag, aufs Wochenende, auf die Sommerferien. Eltern sehen zu ihren Kindern.

Larvale Zivilisationen funktionieren auf der Grundlage kalkulierten Nichtwissens um die Zukunft. Der mit vier Gehirnteilen ausgestattete Mensch will über die Zukunft nichts wissen, weil dies die Stabilität der Wirklichkeits-Prägung bedroht. Die mit vier Gehirnteilen versehene Gesellschaft will über die Gegenwart nichts wissen, weil ein diesbezügliches Umsichschauen die Motivierung zur blinden Arbeit in Richtung organisierter Ungewissheit vermindern würde.

So besteht auch ein Tabu in bezug auf Zukunfts-Vorhersagen. Das Buch *Der Zukunfts-Schock* scheint mehr über den **Gegenwarts-Schock** zu berichten und beschreibt die Panik und Verwirrung, wie sie von einer Welt hervorgerufen wird, die sich vom Vergangenen unterscheidet – d. h. die anders ist als jene Realitäten, die im Verlauf der Kindheit geprägt worden sind. Prophobie ist eine so starke Angelegenheit, dass die Zukunft nicht einem Bestseller entnommen werden kann.

Selbst jene wissenschaftlichen Gruppen, welche die Zukunft projektmässig zu erfassen versuchen, sind seltsam unfähig, die Entwicklung einer neurologisch-mutationsmässigen Verän-

---

* Diese Annahme ist vielleicht ein weiterer anthropozentrischer Mythos. Der Bienenstock stellt in seiner vollendeten Struktur für neue Bienengenerationen möglicherweise ein zeitgebundenes kulturelles Signal dar, usw.

Die Drogenkultur der sechziger Jahre irrte »spaced out« und »high« umher, ohne einen festen Standort zu haben; eine Generation zu früh für die interstellare Auswanderung.

derung vorauszusehen. Der Club of Rome, die RAND-Corporation, Herman Kahn – sie alle präsentieren uns statistische Extrapolationen vergangener, auf die Zukunft projizierter materieller Trends. Auf diese Weise erklärt man uns, dass die Zukunft eine globale Erweiterung von Los Angeles – im schwedischen Stil – bringen wird. All die gegenwärtigen Vorhersagen der »Futuristen« prophezeien einen klimatisierten Ameisenhaufen, in welchem persönliche Freiheit und Kreativität von Überbevölkerung, Lebensmittelknappheit und einschränkender gesellschaftlicher Überwachung begrenzt werden.

Eine Möglichkeit wird im Rahmen von Zukunfts-Projektionen gewohnheitsmässig ausgelassen – das plötzliche, weltweite Aufblühen der Bewusstseinsintelligenz; das »I^2« von S.M.I^2.L.E.

Die sechziger Jahre dieses Jahrhunderts zeugten von einem allgemeinen Anstieg des Bewusstseins, einer massiven »Mind-Spaltung« und weitverbreitetem Widerruf larvaler Prägungen. Die neuen geprägten Realitäten waren nicht durchdacht selektiert. Während in bezug auf die artifiziellen Symbole der Elternkultur ein »Nicht-mehr-Mitmachen« und eine freudige hedonistische Annahme der Verzückung durch direktes Empfinden (»fühl dich wohl, bleib high«) herrschte, gab es auch eine unglückliche Tendenz, jegliche Technik und alles wissenschaftliche Denken abzulehnen. Die Drogenkultur der sechziger Jahre irrte »spaced out« (ein guter Ausdruck) und »high« umher, ohne einen festen Standort zu haben*; eine Generation zu früh für die interstellare Auswanderung.

In dieses neurale Vakuum drängten sich die »Okkultisten«, »Second-hand«-Karma-Händler, Jesus-Reisende, »Spiritualisten«, Anhänger von schrulligen Kulten und Astrologen; sie alle steuerten okkulte Begriffe und »ausserirdische« Erklärungen zu diesen neuen transzendentalen Zuständen bei.

Die Frage der sechziger Jahre lautete: Nachdem du dich den Prägungen der materialistischen Kultur entzogen hast, wohin gehst du? Die Antworten der Vergangenheit lauteten; zurück zur Kirche, zurück zu den Chassidim, zurück nach Indien, zurück zur natürlichen Einfachheit der Pioniere. Das Hier und Jetzt transzendentaler Selbstbefriedigung; die »Ich«-Generation.

Die Bewusstseins-Marotten wurden zu besänftigenden irdischen Refugien, die geistigen Frieden, losgelöste Gemütsruhe und alternative Ernährungsweisen anboten; Supermärkte des Wohlbefindens für unreife Mutanten, die keine Ahnung haben, in welche Richtung sie sich bewegen sollen. Die Wasserbett-Schrulle bietet das klassische Beispiel für eine noch unreife Mutation des fünften Schaltkreises; hier finden sich bereits Ansätze zur sensorischen Nullgravitation-Befreiung.

Der hedonistische Geist der sechziger Jahre, der auf Empfänglichkeit und Erforschung ausgerichtete Einsatz eines neuen neuralen Schaltkreises, war eine Offenbarung der Stufe 13. Es ist ganz natürlich, dass die erste nach-larvale Generation ein verwirrtes, desorientiertes, leichtsinniges und provozierend unklares Bild darbietet. Die Aufgabe der nächsten Generation besteht darin, zu lernen, wie die neuen Erfahrungen weiterzuleiten sind, um damit die In-

---

*»stoned« ist ein ebenso schlechter Ausdruck wie »verladen«.

Eine Mutation ist für die larvale Kultur stets störend. Niemand wünscht, dass das Spiel der Wirklichkeit grösser wird als die eigenen Kindheitsprägungen.

telligenz zu vergrössern, die Zeit unter Kontrolle zu bekommen und neue ausserirdische, auf wissenschaftlichem Beweismaterial beruhende Modelle zu schaffen.

Eine Mutation ist für die larvale Kultur stets störend. Niemand wünscht, dass das Spiel der Wirklichkeit grösser wird als die eigenen Kindheitsprägungen.

Der genetische Fahrplan hat jenen Punkt erreicht, an dem die Menschheit zu begreifen beginnt, wie das Nervensystem funktioniert und wie roboterhaft-synaptische Reaktionen ausser Kraft gesetzt werden können. Eine neue Stufe der Bewusstseinsintelligenz ist damit festgelegt.

25. Eine breite Palette zukünftiger nach-menschlicher Lebensformen wird in Erscheinung treten

Die meisten Konflikte und Verwirrungen, die für den gegenwärtigen Zustand der Menschheit charakteristisch sind, können gemildert und geklärt werden, falls wir die Tatsache akzeptieren, dass wir uns genetisch alle stark voneinander unterscheiden und dass wir von DNS-Schablonen unerbittlich darauf vorprogrammiert sind, uns in vielerlei unterschiedliche Richtungen zu entwickeln.

Der Entwicklungsprozess plant die Mutationen mit schonungsloser Stetigkeit. Jeder lebendige Organismus trägt seinen Teil zum Evolutionsplan bei.

Auf die Grundfrage »Wer bin ich und wohin gehe ich?« gibt es acht Antworten. Vom Standpunkt der genetischen Teleologie aus lautet die Frage: »In welche Richtung mutiere ich?«

Die genetische Perspektive ist tabu und wirkt verängstigend, weil sie uns zwingt, gewissen beunruhigenden Tatsachen ins Auge zu schauen:

1. **Die menschliche Spezies ist eine unvollständige Lebensform, die dramatischen Wechseln unterworfen ist.**

> Die menschliche Rasse (und in der Tat das Leben auf diesem Planeten) hat die erste Halbzeit zurückgelegt; innerhalb von drei Milliarden Jahren haben wir uns aus einzelligen Organismen entwickelt. In den kommenden Jahren werden sich noch weit dramatischere Veränderungen offenbaren.

2. **Die Entwicklung beschleunigt sich.**

> Der Zustand der Menschheit verändert sich beschleunigend in bezug auf physische Belange, neurologische Funktionen, Oekologie, Dichte und Mannigfaltigkeit der Bevölkerung usw. Man ziehe einmal die menschliche Situation vor fünfundzwanzig, fünfzig, hundert, tausend und zehntausend Jahren in Betracht und nehme an, dass dieser beschleunigte Wechsel anhält. Wie werden wir uns im Laufe der nächsten fünfundzwanzig Jahre verändern? Wie innerhalb der nächsten tausend Jahre?

3. **Der Entwicklungsprozess bringt ein sich stets vergrösserndes Spektrum von Unterschiedlichkeiten hervor. Der gegenwärtige menschliche Genpool wird sich in verschiedene Richtungen entwickeln. Es ist möglich, dass aus dem jetzigen genetischen Bestand Hunderte und Tausende neuer Spezies hervorgehen werden.**

> Die gesellschaftlichen Folgen sind bestürzend. Es ist möglich, dass sich von den nächsten hundert Menschen, denen wir begegnen, jeder einzelne zu einer neuen Spezies entwickelt, die sich von uns wie der

Jeder von uns vererbt einen vor-codierten Entwurf zukünftiger Organismen, die sich vom gegenwärtigen Menschenstamm – und von den meisten anderen Formen des Menschseins – stark unterscheiden.

Hase von der Giraffe unterschieden wird. Ungefähr vor fünfundsiebzig Millionen Jahren bildeten gewisse insektenfressende Spezies (Lemuren) den Samenquell, dem die hundertdreiundneunzig Primatenarten – eingeschlossen der Mensch – entsprangen.

Um sich selbst zu verstehen, um die menschliche Situation zu erkennen, ist es nützlich, eine Vorschau der Entwicklung der Spezies Mensch zu entwerfen.

Die meisten Konflikte und Verwirrungen, die für den gegenwärtigen Zustand der Menschheit charakteristisch sind, können gemildert und geklärt werden, falls wir die Tatsache akzeptieren, dass wir uns genetisch alle stark voneinander unterscheiden und dass wir von **DNS**-Schablonen unerbittlich darauf vorprogrammiert sind, uns in vielerlei unterschiedliche Richtungen zu entwickeln.

Die Arbeiten von Genetikern wie Paul, Stein und Kleinsmith glauben, dass Histone die Hälfte des **DNS**-Code überdecken, der das zukünftige Organismen-Konzept enthält. Wenn wir den Histonen-Schleier lüften und die eigenen zukünftigen Genetik-Pläne sehen könnten, hätten wir eine recht offenbarende Antwort auf die Frage »Wer bin ich und wohin gehe ich?« Die Frage muss in der ersten Person Einzahl gestellt werden. Der Irrtum genetischer Demokratie liess Gaugin fragen: Wo kommen **wir** her und wo gehen **wir** hin?« Die Frage kann nur als »Wo gehe **ich** hin?«, »Welche genetische Zukunftsbestimmungen trage ich in mir?« gestellt werden.

Jeder von uns vererbt einen vorcodierten Entwurf zukünftiger Organismen, die sich vom gegenwärtigen Menschenstamm – und von den meisten andern Formen des Menschseins – stark unterscheiden.

26. Der Nach-Larvale muss beim Kommunizieren mit Larvalen äusserst vorsichtig sein

Obwohl das Gehirn jede Sekunde hundert Millionen Impulse empfängt, bleibt das irdische Bewusstsein auf Signale begrenzt, die entsprechend einem der vier geprägten Spielbretter konditioniert worden sind.

Die Exo-Psychologie hält daran fest, dass der menschliche Larvale in einer Realität lebt, die von den vier Überlebens-Prägungen bestimmt wird. Obwohl das Gehirn jede Sekunde hundert Millionen Impulse empfängt, bleibt das irdische Bewusstsein auf Signale begrenzt, die entsprechend einem der vier geprägten Spielbretter konditioniert worden sind.

Unkonditionierte Empfindungen, der rohe Wirbel einer ungefilterten Wirklichkeit, bleiben als Hintergrundsgeräusch vorhanden.

Beim Umgang mit Larvalen muss man sich deshalb folgender Punkte erinnern:
Der Larvale hat an dir kein Interesse, du existierst für ihn nicht, ehe du dich ihren/seinen begrenzten Realitätsinseln anschliessen, auf ihren/seinen schmalspurigen Mind übertragen kannst – ehe dein Verhalten für sie/ihn eine Bedeutung im Sinne von möglichem Vorteil oder möglicher Bedrohung hat:

> **zelluläres Wohlbefinden**
> **emotionell-hierarchischer Status**
> **gerätebezogenes Manipulationsspiel**
> **sozio-sexuelle Sicherheit; erneute häusliche Bestätigung.**

Alle larvalen Wechselwirkungen tragen zu einer der vier Überlebens-Verhaltensformen bei. Die Larvalen sind dieser vierkanaligen Kommunikation ausreichend angeschlossen und überprüfen wie die Ameisen automatisch die Überlebens-Bedeutung eines jeden Stimulus und eines jeden schnellen Schrittes, der auf ihre/seine eigene »Wirklichkeit« gerichtet ist; sie reagieren dabei unwillkürlich auf entsprechende Stichworte anderer. Die larvale Kommunikation spielt sich innerhalb von vier Systemen ab, von denen einige der gesamten Spezies verständlich sind, andere wiederum nur den Mitgliedern einer bestimmten kulturell geprägten Gruppe vorbehalten bleiben.

Larvale nehmen nicht gerne Informationen entgegen, ohne dass die darin enthaltenen Fakten der Realität des dritten Schaltkreisnetzes entsprechen und unverzüglich den persönlichen emotionellen Zustand »belohnen«. Die Demokraten hörten erfreut von den Fakten der Nixon-Affäre, während die Republikaner erzürnt waren und Widerstand leisteten.

Die Larvalen sind nur unter besonderen motivierenden Umständen bereit, neue Symbole zu erlernen: die neuen Verbindungen müssen etablierte Systeme ausbauen und sichern oder Gewähr in bezug auf zukünftige emotionelle Belohnungen leisten, für die der Lehrer als Modell dient.

Larvale setzen neuen Symbolen, die eine Veränderung in ihrem Netzwerk von Assoziationen erfordern, heftigen Widerstand entgegen. Dieser Widerstand gegenüber dem Lernen ist nicht psychologischer Natur – er ist neurologisch und biologisch bestimmt. Neue Ideen erfordern eine Veränderung in der Leitung von Assoziationen und verursachen buchstäblich »Kopfweh«.

Das Kommunizieren mit Larvalen umfasst das Aufbauen auf einem Netz von Assoziationen. Man muss buchstäblich jede neue Idee mit einer bereits vorhandenen neuralen Verbin-

Larvale nehmen nicht gerne Informationen entgegen, ohne dass die darin enthaltenen Fakten der Realität des dritten Schaltkreisnetzes entsprechen und unverzüglich den persönlichen emotionellen Zustand »belohnen«.

dung koppeln. Larvale nehmen nach der Kindheit beinahe keine neuen Symbolsysteme auf. Sie fügen einfach bei oder übersetzen in Symbole, die mit der Prägung eng verwandt sind. Dies erklärt die Tatsache, warum es zumindest eine Generation dauert, ehe eine neue Idee verstanden wird.

Beim Kommunizieren mit Larvalen ist es besonders wichtig, sich daran zu erinnern, dass heute wenige Symbole für nach-larvale Prozesse vorhanden sind.

Um mit Raupen zu kommunizieren, kann man nicht die Schmetterlingssprache verwenden.

Die Sprache des vierten Schaltkreises umfasst häuslich-moralische und gesellschaftliche Werte. Hier entdecken wir, dass grosse kulturelle Unterschiede bestehen. Die fundamentalen Sperma/Ei-Verlockungen zum Orgasmus sind natürlich global gültig, doch wird die Bedeutung von Verdrängung, Verbot und Sublimierung zur äusserst subtilen Angelegenheit. In der Tat erfordern Individualität, Intimität, Besonderheit, innerer Widerspruch und Unbeständigkeit von Wertsymbolen grösste Vorsicht in bezug auf die nach-larvale Kommunikation mit Tölpeln.

Die meisten Larvalen leben in steter Angst, als sündig oder »böse« betrachtet zu werden. Um sich als gesellschaftlich gebilligt zu fühlen, bedürfen sie stets erneuter Bestätigungen.

Beim Kommunizieren mit Larvalen über sexuelle, philosophische oder ethische Belange betritt man ein sehr gefährliches Gebiet. **Es ist beinahe unmöglich, mit Tölpeln philosophische Gespräche zu führen.**

Heuchelei, unbewusste Motivierung, irrationale Widersprüche, das Bedürfnis nach Anerkennung und Angst vor Schande beherrschen jede Diskussion über Philosophie und Religion.

Larvale werden von Symbolen des dritten Schaltkreises, die nicht ihren Prägungen und konditionierten Leitungsnetzen entsprechen, vielleicht gelangweilt und schalten sie möglicherweise aus. Symbole des vierten Schaltkreises oder Verhaltensformen, die als unterschiedlich empfunden werden, lösen jedoch leidenschaftliche, ja sogar gewalttätige Reaktionen aus. Aufgrund dieser hohen Empfindlichkeit philosophischen Belangen gegenüber neigen die menschlichen Tölpel dazu, philosophische Gespräche zu vermeiden.

Diese Phobie kann schmerzliche Reaktionen auslösen, falls ein Nach-Larvaler mit einem Irdischen über die Exo-Psychologie zu diskutieren versucht.

Die Gründe dieser philosophischen Phobie sind:

1. Tölpel wissen nicht, woher das Leben gekommen war, wo es hinführt und warum dem so ist. Sie sind lediglich über ihre eigene Sterblichkeit erschrocken. Jeder Larvale hat eine fadenscheinige Philosophie über Leben und Tod akzeptiert, die SiEr nicht wirklich glaubt. Somit herrscht Ärger und Panik, falls diese grundlegende Heuchelei von einem wissenschaftlichen Gespräch über den Ursprung des Lebens und Lebensbestimmung bedroht wird.

»Die Lutherische Kirche beruht schon seit jeher auf der Bibel«, erklärt Phil Beck, Manager eines lokalen Malergeschäftes und Vorste-

Mit einem Tölpel über Exo-Psychologie zu diskutieren ist, als ob man mit einem Kind über sexuelle Erfahrungen sprechen würde. SiEr kann die neue Realität nicht verstehen, weil ihr/sein neuraler Schaltkreis nicht eingeschaltet worden ist. SiEr zeigt dich möglicherweise wegen philosophischer Kindsbelästigung an.

her der lutherischen Sonntagsschule. »Falls man letztere zu hinterfragen beginne – wo hört das wohl auf? Wenn ich so viel Bildung haben muss, um die **Genesis** verstehen zu können, warum liess Gott Luther die Bibel in die Sprache des breiten Volkes umschreiben? An welchem Punkt werfe ich das ganze verrückte Durcheinander hinaus?«

Time

2. Tölpel sind Robotersklaven der **DNS**. Sie arbeiten blind, um die Spezies fortbestehen zu lassen, sich zu vermehren, häusliche Vorkehrungen zur Aufzucht der Jungen zu treffen und kulturelle Überlebensmuster weiterzugeben. Jedes Gespräch, das dieses Robotertum aufdeckt oder in Frage stellt, ist äusserst schmerzlich. Der Larvale kann diesen Einblick in beklemmende Gefilde der Ungewissheit nicht tolerieren.

3. Der Ausdruck und das Einhaltgebieten des sexuellen Verhaltens ist mit Schrecken erfüllt, weil Orgasmus und Sperma/Ei-Übertragung im Hinblick auf ein sicheres Grossziehen von Kindern domestiziert werden müssen.

Beim Kommunizieren mit Larvalen muss man realisieren, dass Diskussionen über Leben, Tod, philosophische Grenzen, das Grossziehen von Kindern und Sexualität höchst individuelle Angelegenheiten sind. Die Reaktionen auf diese Themen sind nicht voraussagbar und von der Intimität und Sicherheit der jeweiligen Situation abhängig.

Heuchelei und gewalttätige Verteidigung sind ansteckend.

Die Nach-Irdischen denken natürlich an wenig andere Dinge, mit Ausnahme der Frage, was geschieht, wenn die larvalen Prägungen rückgängig gemacht worden sind. Sie sind von den Kommunikationen mit ihrem Körper, ihrem Gehirn und ihrer **DNS** fasziniert. Nach-Larvale strahlen Schwingungen aus, welche die Tölpel manchmal verwirren, manchmal aber auch zur vorübergehenden Preisgabe philosophischer Verdrängungen verführen.

Nach-Irdische sind gewöhnlich lustig, erotisch, relativistisch und philosophisch herausfordernd. Tölpel können diesen Unterschied bei einem Nach-Irdischen unbewusst erspüren. Es ist daher ratsam, beim Verkehr mit Larvalen genau und wachsam – im Sinne von sensitiv – zu sein.

Man muss Vorsicht walten lassen, den Tölpel nicht dazu zu verführen, allzuviel Wahrheit an den Tag zu legen.

Im Verlauf eines philosophischen Gesprächs mit Nach-Irdischen werden sich Larvale oft durch eine vorübergehende Begeisterung dazu hinreissen lassen, Zweifel an ihren Kosmologien einzugestehen, ethische Relativitäten zuzulassen und selbst nach-larvale Bestrebungen, diesen Planeten zu verlassen und dem Tod zu entfliehen, akzeptieren zu können.

Der Nach-Irdische ist gezwungen, feinfühlig zu handeln, um jede offenkundige oder versteckte Kritik an Tölpel-Werten zu vermeiden. Man erinnere sich, dass für den Larvalen Astronomie und Genetik ethische Streitfragen des vierten Schaltkreises miteinschliessen, die in bezug auf den Verlust moralischer Anerkennung eine Bedrohung darstellen.

Unsterbliche müssen vorsichtig sein, auf dass sie die empfindlichen Stellen der Sterblichen nicht verletzen.

Mit einem Tölpel über Exo-Psychologie zu diskutieren ist, als ob man mit einem Kind über sexuelle Erfahrungen sprechen würde. SiEr kann die neue Realität nicht verstehen, weil ihr/sein neuraler Schaltkreis nicht eingeschaltet worden ist. SiEr zeigt dich möglicherweise wegen philosophischer Kinds-Belästigung an.

Früher oder später realisiert die/der Larvale, dass SiEr nach dem erregenden Höhenflug ganz schön auf der Erde bleibt. An diesem Punkt kann der Tölpel leidenschaftlich moralisch werden, die Nach-Irdischen attackieren und sie als elitär, gefühllos gegenüber menschlichem Leid, inhuman, wirklichkeitsflüchtig und gar teuflisch bezeichnen.

Unsterbliche müssen vorsichtig sein, auf dass sie die empfindlichen Stellen der Sterblichen nicht verletzen.

Insbesondere muss man beim Diskutieren der künftigen Entwicklungen der menschlichen Spezies Diplomatie walten lassen. Die larvalen Menschen glauben naturgemäss, dass die Evolution mit dem **Homo sapiens** bereits ihre höchste Stufe erreicht habe![*]

Diskussionen auf der Basis des siebten Schaltkreises, die den Standpunkt vertreten, dass die Entwicklung gerade den halben Weg zurückgelegt habe, dass sich die menschliche Spezies noch in fetalem Zustand befinde und noch nicht geboren sei, dass zahlreiche neue höhere Spezies dem gegenwärtigen Genpool entspringen werden – diese Diskussionen sind für Tölpel-**Hybris** besonders verletzend.

Science Fiction-Schriftsteller und Astronomen haben des öftern über das Problem einer Kommunikation zwischen Menschen und interstellaren Wesen Spekulationen angestellt. Dieses Problem ist nicht länger akademisch. Es findet statt. Dieses Buch ist ein Beispiel dafür.

---

[*] Die Energie-Sprachen von Physik, Elektronik, Astronomie und Mathematik sind nach-larval, aber ihre Bedeutung für die Psychologie wird erst gerade erkannt.

27. Nach-Irdische müssen auch beim Kommunizieren mit unreifen Nach-Larvalen vorsichtig sein

Der Ausdruck »Hippie« ist ein Gattungsname für die ersten nach-larvalen Stufen; er beschreibt jene, die genetisch (Tierkreistypus), neurologisch (Prägung) oder geschichtlich (hedonistisch/Subkultur) in der passiv-hedonistischen Lebensweise gefangen bleiben. Transzendentale Selbstbefriedigung.

Einige Leute sagen, dass das nach-irdische Zeitalter im Jahre 1926 seinen Anfang nahm, als eine Gruppe deutscher Visionäre den **Verein für Raumschiffahrt** gründete.

Der V. f. R. veranstaltete Zusammenkünfte, veröffentlichte wissenschaftliche Arbeiten und führte Raketenversuche durch. Die von der Regierung unabhängige Gruppe arbeitete mit der freien Hingabe einer mittelalterlichen Alchimistenbruderschaft. Mit der Machtergreifung Hitlers ist der Verein aufgelöst worden. Ziel des V. f. R. war die richtige geometrische Anordnung von chemischen Bestandteilen, um damit die Abgangsgeschwindigkeit zum Verlassen des Planeten erlangen zu können.

Die exo-psychologischen Ziele des V. f. R. sind von den Nazis für eigene Ziele verwendet worden, indem sie die V-1 und V-2-Raketen für larvale Zwecke eingesetzt haben.

Zu derselben Zeit suchten Atomphysiker nach der richtigen Anordnung reiner Elemente zur Spaltung des Atoms. Der Erfolg des Fermi-Teams in Chicago kann als weiterer exo-psychologischer Markstein betrachtet werden. Die Spaltung des Uranatoms eröffnete den Energiequell zur Antreibung interstellarer nach-einsteinscher Raketen, wie sie von den frühen, chemisch gegründeten Newtonschen Raketen Wernher von Brauns bereits signalisiert worden sind.

Die neurologische Revolution der sechziger Jahre brachte das biologische Gegenstück zum Einsteinschen Standpunkt. Die Grundsätze der Exo-Psychologie sind 1963 erstmals in einer Arbeit mit dem geheimnisvollen Titel »The Religious Experience – Its Production and Interpretation«[*] erschienen. Dieser Essay, der rasch nachgedruckt und in Anthologien aufgenommen worden ist, sagte exakt voraus, dass Sprache und Perspektiven der Wissenschaft die Theologie, Ontologie und Kosmologie der Zukunft bestimmen werden, und er legte systematisch die Grundsteine der Exo-Psychologie. Eine Ausnahme bildete dabei der Gedanke einer unvermeidlichen Auswanderung von unserem Planeten, auf den nicht hingewiesen worden ist.

Die Co-Option von nuklearer Energie, Elektronik und Raketenforschung durch das Militär blockierte die interstellaren Pläne, und die anschliessende Desillusionierung der sechziger Jahre in bezug auf die Wissenschaft bestärkte die vage Maxime des »In-sich-Hineinschauens«.

Die daraus resultierende Faszination durch orientalischen Quietismus, Schamanismus und Popkult-Yoga bildete einen systematischen Antiintellektualismus, eine kalkulierte zuckrige Dummheit, eine sanft lächelnde, selbstschonend dahintreibende Loslösung, die sich im »Hippie« (Stufe 13) und im »Yogi« (Stufe 14) personifiziert.

---

[*] Leary, Timothy, »The Seven Tongues of God«, in *The Politics of Ecstasy,* New York, College Notes & Texts, 1965.

Eine Warnung ist angebracht. Zahlreiche fünf-hirnige Hippies und Yogis sind die heftigsten Gegner der ausserirdischen Entwicklung.

»Der Hippie« und der »Yoga-Körper-Techniker« stellen die ersten zwei der zwölf nachirdischen Stufen dar; **Übergangs**stufen »flügelloser Schmetterlinge«, die sich über die irdischen Banden hinwegentwickelt haben und nicht mehr an die irdischen Symbole gekettet sind. Die Ein-G-Erde und ihre Überlebens-Schablonen sind nicht mehr länger »Wirklichkeit«. Der Hippie-Zen-Schüler reagiert nicht mehr auf emotionell begründete Stichworte, ist in bezug auf schnellen Erfolg unmotiviert und wird durch das Tugend/Schande-System, mit dem die Gesellschaft ihre Arbeiter zähmt, nicht bewegt; er hat sich aber noch nicht bis zur Beherrschung des kürzlich aktivierten Schaltkreises entwickelt. Der wahre Nachirdische ist **scham-los.**

Der Ausdruck »Hippie« ist ein Gattungsname für die ersten nach-larvalen Stufen; er beschreibt jene, die genetisch (Tierkreistypus), neurologisch (Prägung) oder geschichtlich (hedonistisch/Subkultur) in der passiv-hedonistischen Lebensweise gefangen bleiben. Transzendentale Selbstbefriedigung.

Die erste Generation nach Hiroshima hat Millionen von Zen-»Hippies« hervorgebracht, die sich über das Irdische hinausentwickelt haben, jedoch nicht realisieren, dass sie ausserirdisch sind.

Das Problem ist einesteils historisch-linguistischer Art. Die rein sprachlichen Ausdrucksweisen, die einzigen, von der ursprünglichen Psychologie geschaffenen Symbole für ausserirdische Erfahrungen waren »larval-religiöser« Art. Die neue Wirklichkeit der Hippies wird durch unbestimmte, mystische Begriffe zum Ausdruck gebracht.

Dabei entwickelt sich ein Kommunikations-Vakuum. Einerseits stellen die Hippies, Yogis und Tantristen fest, dass sie sich irgendwie entwickelt haben, andererseits taumeln die »fünfhirnigen«, von larvalen Symbolen befreiten Leute umher und greifen nach jedem transzendentalen Strohhalm: Magie, Okkultismus, Chanten, Hexenkraft, Telepathie, Guru-Gläubigkeit, christliche Mystik, Chassidismus, experimenteller Evangelismus – all die endlosen Spielarten orientalischer Scharlatanerie.

Die Falle von Körperbewusstsein und Sinnes-Konsum ist von Federico Fellini gut zusammengefasst worden:

> »Die Leute verlieren das Vertrauen in die Zukunft. Unsere (larvale) Erziehung hat uns unglücklicherweise für ein Leben geformt, das stets auf eine Reihe von Ereignissen gespannt war – Schule, Militär, eine Karriere und als grosses Finale die Begegnung mit dem himmlischen Vater. Aber heute, wo unser Morgen nicht mehr so optimistische Züge aufweist, bleiben wir auf einem Gefühl des Unvermögens und der Angst sitzen. Menschen, die nicht mehr an ein »besseres Morgen« glauben können, neigen logischerweise zu verzweifeltem Egotismus. Sie sind damit beschäftigt – falls nötig, auf brutale Weise –, jene kleinen persönlichen Gewinne, den eigenen Körper, die eigenen kleinen sinnlichen Gelüste zu verteidigen. Für mich stellt dies das gefährlichste Kennzeichen der siebziger Jahre dar.«

Fünf-hirnige Menschen, die zeitweilig von weltlichen Prägungen befreit herumhängen, ohne Vokabular und ohne Methode in bezug auf ausserirdische Bewegung, fallen auf larvale

Die erste Generation nach Hiroshima war in der Tat eine verlorene Generation; befreit von Tölpel-Prägungen, aber ohne einen Ort, um sich über die körpergebundene Geographie hinauszuheben. Der Zynismus und das Elend der siebziger Jahre sind das Ergebnis dieser Desillusionierung.

Begriffe des Transzendentalen zurück. Die Raupe fantasiert, wie das nach-larvale Leben aussehen wird.

Eine Warnung ist angebracht. Zahlreiche fünf-hirnige Hippies und Yogis sind die heftigsten Gegner der ausserirdischen Entwicklung. Sie gebrauchen drei einschmeichelnde Klischees, um sich den praktischen Plänen einer interstellaren Auswanderung zu widersetzen:

> **In-sich-Hineinschauen.** Astrales Reisen, die passive Veränderung des Bewusstseins wird uns ins Gelobte Land bringen.
> **Rückkehr zur Natur.** Zurück in die Altsteinzeit! Vereinfache, vermeide die Technik, pirsch den wilden Spargel an, bau auf Körperweisheit, organische Reinheit und Sinnesvergnügen.
> **Alles ist eins.** Der Kosmos ist ein homogener Nebel aus geschmacklich neutraler Zuckerwatte. Exo-Psychologie und Neurogenetik werden als unnatürliche, elitäre Versuche abgestempelt, den Vanillepudding eines allzu vereinfachten Hinduismus, Buddhismus usw. auseinanderzuhalten.

Jeder einzelnen dieser drei okkultistischen Haltungen liegt eine Abscheu gegenüber Wissenschaft, Technologie, Entwicklung und intellektueller Kompetenz zugrunde. Dieser okkultistischen Theorie ist die Annahme eingeschlossen, dass es nichts mehr zu lernen gibt, ausser dem gewohnheitsmässigen Memorieren einiger Hindu-Gesänge, dem gewohnheitsmässigen Deklamieren einiger oberflächlicher theosophischer Dogmen, um damit den ruhelosen, wissbegierigen Geist beruhigen zu können.

Die drei Stufen des neurosomatischen Schaltkreises – 13. Hippie, 14. Yogi, 15. Tantrist – sind körperbezogen und schliessen eine bewusste Symboldummheit mit ein. Es ist begreiflich, dass der fünf-hirnige Mensch gegen den insektenhaften Cyborg-Materialismus der larvalen Technologie reagiert, gegen jene Wissenschaftlichkeit, welche die Plastik-Konsumgesellschaft, den Militär-Industrialismus, die Fliessband-Anonymität und die umweltverschmutzte Überbevölkerung hervorgebracht hat. Die Ablehnung wissenschaftlicher Untersuchungen wird jedoch zur unwissenden Spiessigkeit; Okkultisten werden zu langhaarigen Rednecks. Die Beweise aus Astronomie, Biochemie, Genetik und Nuklearphysik bestimmen die wahren Grenzen von Philosophie und Religion. Die Zeitschrift *Scientific American* ist sehr viel weiter »draussen« als jede Okkultismus-Zeitschrift und das Periodensystem der Elemente prophetischer als die Tarotkarten. Der Atomkern stellt ein geheimnisvolleres und allwissenderes Gebiet als jede theologische Phantasie dar. Die Kosmologie eines ausgedehnten, mit Schwarzen Löchern durchsetzten Universums ist bizarrer als die Eschatologien Dantes, Homers und des Ramayana.

Der erhabenen Zurückweisung des Artifiziellen zum Trotz bildet das Hippie-Yogi-Tantra-Establishment einen verschanzten, sich selbst schonenden Block gegen die Entwicklung – ein Übergangsstadium in der Vorbereitung zur Auswanderung von diesem Planeten.

Don Juan hat eine genaue, metaphorische Neurologik ausgearbeitet. Er definiert exakt die larval geprägte Inselrealität (Tonal) und die direkte Erfahrung des Nagual.

Die Grenzen neurosomatischer Bewusstseinsintelligenz werden in den Lehren Don Juans besonders deutlich. Castanedas Krieger-Zauberer sind in ihren würdevollen, humorigen und disziplinierten Versuchen, gesellschaftliche Prägungen rückgängig zu machen, bewundernswert. Don Juan hat eine genaue, metaphorische Neurologik ausgearbeitet. Er definiert exakt die larval geprägte Inselrealität (**Tonal**) und die direkte Erfahrung des **Nagual**.

Don Juans Philosophie ist jedoch pessimistisch: »Es gibt keine Überlebenden auf dieser Erde.« Es gelingt ihm nicht, sich bis zur Stufe 15 der neurosomatischen Verbindung zu entwickeln. »Und dann war ich allein«, lautet die trübe Schlussfolgerung.

Aus diesen Gründen muss der Exo-Psychologe beim Kommunizieren mit Leuten aus der »Woodstock«-Generation vorsichtig sein. Letztere haben ihre Körper geprägt, sind aber zu alt und festgefahren (im Alter von 25-35 Jahren), um neurophysikalische Signale zur Auswanderung von diesem Planeten zu empfangen.

28. Denk dir dieses Buch – Exo-Psychologie – als einen astroneurologischen Text

Das Pan-spermia-UFO landete vor drei Milliarden Jahren und brachte dieses Signal, von dem Sie nun eine deutsche Übersetzung in Ihren Händen halten.

Die letzten paar Seiten dieser Botschaft haben uns mehrere Milliarden Jahre der Entwicklung durchwirbeln lassen, machten uns mit dem Begriff »Höhere Intelligenz« bekannt, erklärten unsere Rolle als paläozoische Pflanzen, zerrten uns durch die larvalen Stadien säugetierhafter Körperlichkeit, beschrieben das Robotertum des Symbol-Konditionierens, beschafften uns den Schlüssel zur sexuellen *male-faction*, unterwiesen uns im Umgang mit dem mehrstufigen Neurobereich (mit einem lebenslänglichen Neu-Prägungsfilm versehen) und gaben uns entsprechende Stichworte, um biologische Unsterblichkeit und Zeiterweiterung erlangen zu können.

Möglicherweise haben wir mit dieser Einführung mehr ausserirdische Informationen übermittelt, als in all den früher beschriebenen Büchern vorhanden sind.

»Vielleicht enthülle ich Dinge, die ich nicht verraten sollte.«
»Es kommt nicht darauf an, was man verrät oder was man für sich behält«, sagte Don Juan. »Alles, was wir tun, alles, was wir sind, beruht auf unserer persönlichen Kraft. Haben wir genug davon, dann genügt vielleicht ein einziges Wort, das uns gesagt wird, um unser ganzes Leben zu ändern. Haben wir aber nicht genug persönliche Kraft, dann mag es sein, dass uns die wunderbarste Weisheit offenbart wird, und diese Offenbarung würde nicht das geringste bewirken.«

Carlos Castaneda, *Der Ring der Kraft*

Dieses Buch ist nicht für Jede(r)-Mann/Frau. Die menschliche Spezies ist nun an einem Punkt der genetischen Spaltung angelangt. Nehmen wir an, dass sich ungefähr dreiundneunzig Prozent der Spezies an das Leben auf diesem Planeten anpasst. Die Oekologie ist jene verführerische Dinosaurier-Wissenschaft, die den grössten Teil der nachmenschlichen Spezies dazu bringt, sich den irdischen Bedingungen anzugleichen, vernünftige, bequeme, passive, roboter-konditionierte Cyborg-Insekten zu werden, die unter der Führung von zentralisierten Rundfunksystemen (ABC, NBC, CIA, ARD, SRG, BND, KGB) stehen. Für irdische Leser legt dieses Handbuch jene neurologischen Stufen dar, die nötig sind, um sich harmonisch der hedonistischen, fünf-hirnigen Cyborg-Existenz anzupassen.

Die Übermittlungen lassen ein andersartiges Signal aufleuchten, das für jene sieben Prozent bestimmt ist, von denen wir annehmen, dass sie von der **DNS** dazu bestimmt sind, biologische Unsterblichkeit zu erlangen, den Mutterplaneten zu verlassen, Bürger der Galaxis zu werden und sich mit höheren interstellaren Wesenheiten zu verschmelzen.

Dieses Handbuch ist nicht für konventionelle Autor/Leser-Spielchen bestimmt. Es ist ein Signal für die Mutation. Ein Intelligenztest. Eine genaue Prüfung der persönlichen Kraft.

Das Pan-spermia-UFO landete vor drei Milliarden Jahren und brachte dieses Signal, von dem Sie nun eine deutsche Übersetzung in Ihren Händen halten:

S.M.I^2.L.E.

Teil II

Das Periodensystem der Energie unterscheidet vierundzwanzig Stufen neurologischer Evolution:

	Evolutionäre Periode (Neuraler Schaltkreis)	Selbstbezogene empfängliche Stufe (individualistisch, ungebunden, hedonistisch, asozial, ausbeuterisch)	Ergänzende Stufe	Übertragungs/Fusions-Stufe (Schaden, helfen, soziale Verbindungen, manipulieren, kommunizieren, einverleiben)
Ausserirdisch	Metaphysiologisch Neuroatomar (Interstellar)	22 Neuroatomare Empfänglichkeit	23 Neuroatomare Intelligenz	24 Neuroatomare Fusion
Ausserirdisch	Neurogenetisch	19 Neurogenetische Empfänglichkeit	20 Neurogenetische Intelligenz	21 Neurogenetische Fusion Symbiose
Ausserirdisch	Neurophysisch (Interspezies)	16 Neurophysische Empfänglichkeit	17 Neurophysische Intelligenz	18 Neurophysische Fusion
Ausserirdisch	Neurosomatisch	13 Neurosomatische Empfänglichkeit	14 Neurosomatische Intelligenz	15 Neurosomatische Fusion
Irdisch	Sexuell-häuslich (Homo domesticus)	10 Sozio-sexuelle Empfänglichkeit	11 Sozio-sexuelle häusliche Intelligenz	12 Sozio-sexuelle Kollektivität
Irdisch	L.M.-Symbolisch (Homo faber)	7 L.M.-Symbolische Empfänglichkeit	8 L.M.-Symbolische Intelligenz	9 Symbolische Kreativität
Irdisch	Erregung-Fortbewegung (Säugetierhaft)	4 Emotionelle Selbstbezogene Empfänglichkeit	5 Emotionelle Intelligenz	6 Emotionelle Manipulation
Irdisch	Bio-Überleben (Wirbellos)	1 Bio-Überlebens-Empfänglichkeit	2 Bio-Überlebens-Intelligenz	3 Bio-Überlebens-Fusion

Die zwölf larvalen Stufen der neuralen Evolution

Stufe 1: Bio-Überlebens-Empfänglichkeit

Der einzellige Organismus und der neugeborene Säuger gleiten passiv dahin, nur dazu befähigt, viszerotonische (eingeweidebezogene) Stimuli entgegenzunehmen. Dies stellt die erste Stufe der Bewusstseinsintelligenz dar, die mit Aufnahme zu tun hat. Die **Haltung** ist ventraldorsal. Die Orientierung verläuft endomorph annähernd-ausweichend.

Die vegetative Bewusstseinsintelligenz vermittelt Freude-Schmerz. Zelluläre Sicherheit-Gefahr.

Stufe 1 ist die nach dem Leben strebende Ursaat. Die erste, beginnende Bewegung zum Sternenlicht. Neuro-umbilikale Leitungen zur Umwelt sind noch nicht angeknüpft.

Diese Stufe wird in der frühesten vor-neurologischen Symbolik als Tierkreiszeichen des Fisches, als Narr des Tarot, als Hades-Persephones/Pluto-Proserpina des Olymp verkörpert.

Definition seiner selbst als viszerotonische Einheit – eine begierige, inkorporierende endomorphe Ego-Identität.

Jedes einzelne Menschenwesen wiederholt in seinem Leben die zwölf irdischen Stufen der organischen Evolution – von der Einzelzelle zur zentralisierten Gesellschaftsform.

Zu derselben Zeit ist jedes menschliche Wesen genetisch programmiert, sich einer der zwölf neurogenetischen Aufgaben besonders anzunehmen, die nötig sind, um die menschliche Stammesgruppe als vollständige Überlebens-Einheit zu erhalten. Der einzelne Mensch ist ein Element, das dazu bestimmt ist, sich mit einem sozialen Molekül zu verbinden. Es gibt zwölf irdische Stufen der Evolution, und es ist für die Primatengruppe notwendig, jede einzelne Überlebensfährte zurückgelegt zu haben. Die drei bio-überlebensbezogenen »Zellulär«-Taktiken werden von Fisch, Widder und Stier durchgespielt. In bezug auf die drei säugetierhaften politischen Taktiken gilt dasselbe für Zwilling, Krebs und Löwe. Die drei Symbolmanipulierenden Funktionen gehören in den Bereich von Jungfrau, Waage und Skorpion; die drei domestizierenden Taktiken zu Schütze, Steinbock und Wassermann.

Stufe 1 übt für die menschliche Gruppe eine viszerotonische, zelluläre Funktion aus – auf der Verhaltensstufe betrifft dies Gesundheit und Nahrung. Fische sind für die Körper-Politik im wesentlichen viszerotonische Organe – als solche verschaffen sie vegetativen Verstand und schliessen an das früheste einzellige Bewusstsein der Spezies an. Man liest oft von den »tiefgreifenden« mystischen Eigenschaften der Fische – letzteres ist ein poetischer Einfluss auf die marine Natur dieser ersten und äusserst verschmelzenden Stufe.

Man sollte nie vergessen, dass der Fisch eine Amöbe ist – seiner/ihrer **DNS** sehr nahe und auf das genetische Band bestens eingestimmt; sehr weich und feucht.

Stufe 1 Fische
Tonusbezogene Empfänglichkeit
Neugeborenes Kind

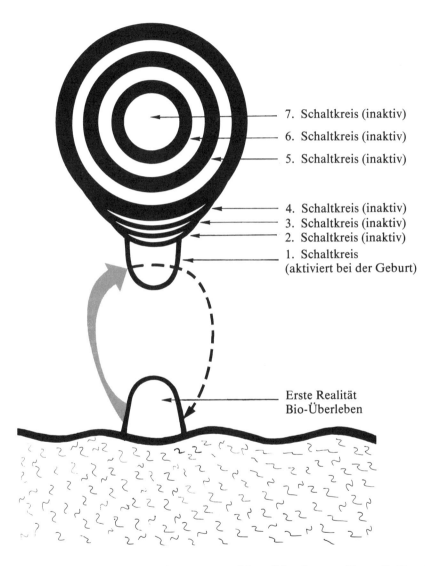

7. Schaltkreis (inaktiv)
6. Schaltkreis (inaktiv)
5. Schaltkreis (inaktiv)
4. Schaltkreis (inaktiv)
3. Schaltkreis (inaktiv)
2. Schaltkreis (inaktiv)
1. Schaltkreis (aktiviert bei der Geburt)

Erste Realität
Bio-Überleben

Stufe 1 beginnt, wenn das Neugeborene den ersten positiven Stimulus empfängt: die Brust. Man beachte, dass die Stufen 2 und 3 zur Aktivierung bereit sind. Diese Stufe ist stammesgeschichtlich gesehen einzellig. Der Mensch, der genetisch dafür ausgerüstet ist, diese Rolle innerhalb der in zwölf Einheiten eingeteilten Menschheitsgruppen zu übernehmen, wird als Fisch bezeichnet. Während des gesamten Lebens neigt er dazu, diese Rolle zu betonen oder in das marine Verhalten der Stufe 1 zurückzufallen.

Stufe 2: Bio-Überlebens-Intelligenz

Stufe 2 innerhalb der Spezies-Evolution bildet der knochige, massive Organismus, wobei letztere mit einem multineuronalen Nervensystem ausgestattet ist, das zur Erinnerung, zur Integration und Auswertung von Stimuli fähig ist. Ferner ist zusätzlich zur Nahrungs-Annäherung eine Angriffs-Annäherung möglich.

Stufe 1 im Rahmen der individuellen Entwicklung bildet das Neugeborene nach der ersten Prägung – es ist somit fähig, zwischen grundlegender Sicherheit (mütterlich) und grundlegender Gefahr (nicht-mütterlich) zu unterscheiden.

Der Widder wird klassischerweise als junge, unreife Tierkreis-Stufe beschrieben. Dies widerspiegelt sich in der selbstbezogenen, kindischen, vorwärtsstrebenden Natur von Stufe 2. Wie dem auch sei, der Widder ist nicht das korrekte genetische Symbol. Der Widder ist in seinen spielerischen Launen ein(e) Triton-Wassernixe und in seinen/ihren aggressiven Stimmungen ein Hai.

Die **Haltung** ist ventral-dorsal. Während der Stufe-1-Organismus nur entgegennehmen oder fliehen kann – und dabei amöbische Pseudokokonströmungen zur Anwendung bringt –, ist die Stufe 2, nebst dem Säugen, sich-Einverleiben, Verdauen usw. auch zu einem aggressiven, Beissen/Stechen umfassenden Verhalten fähig.

Der amöbenhafte Organismus der Stufe 1 hat keine polare Asymmetrie entwickelt. Der Organismus auf Stufe 2 hat sich zu einer asymmetrischen polaren Struktur entfaltet, die gewöhnlich einen Kopf (Hypostonata und Fühler) und Füsse (Träger und Grundscheibe) aufweist. Das Nervensystem ist ein einfaches Netz, das in der Region des Kopfes am dichtesten ist. Diese Polarität ist nicht auf eine gravitationsbestimmte vertikale Grösse, sondern auf eine Vorwärts/Rückwärts-Dimension ausgerichtet. Eine Unterscheidung in Zelltypen hat stattgefunden.

Der menschliche Säugling ist das neurologische Gegenstück eines marinen Organismus. Der vegetative Schaltkreis des Säuglings prägt die grundlegende Realität, die erste Bindung des Organismus an die Umwelt. Diese Stufe ist im Tierkreiszeichen des Widders, im Magier des Tarot, und in Neptun-Amphitrite des Olymp verkörpert.

Stufe 2 Widder
Bio-Überlebens-Intelligenz
(Neugeborenes Kind)
(Physisch begieriges Ego)

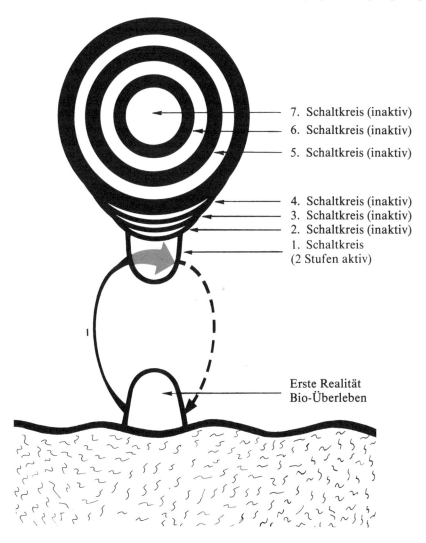

Stufe 2 beginnt kurz nach der Geburt, wenn der Säugling zu unterscheiden, sich zu erinnern, zu selektieren und integrieren von biologischem Überlebens-Verhalten beginnt. Man beachte, dass die Stufe 1 aktiviert ist, Stufe 3 jedoch noch nicht (gestrichelte Linie). Diese Stufe ist stammesgeschichtlich marin. Der Mensch, dessen »Leitungen« darauf eingestellt sind, diese Rolle innerhalb der in zwölf Einheiten eingeteilten Menschheitsgruppe zu übernehmen, wird als Widder bezeichnet. Während des gesamten Lebens neigt er dazu, diese Rolle zu begünstigen oder in das haihafte Verhalten der Stufe 2 zurückzufallen.

Stufe 3: Bio-Überlebens-Fusion

Stufe 3 der Spezies-Evolution bildet die Amphibie. In der Entwicklung des einzelnen stellt der neurologisch mit der Mutter verbundene Säugling die Stufe 3 dar. Diese Stufe bringt die erste gesellschaftliche, inter-organische Verbindung zwischen Mutter und Kind. Der synergistische Vorteil aus dieser viszerotonischen Verbindung ist unberechenbar. Anstatt sich zu verschlingen oder gegenseitig zu bekämpfen, verbinden sich hier erstmals zwei Organismen auf neurologischer Basis um des beiderseitigen Überlebens willen. Die Kommunikation ist viszerotonisch, zellulär.

Im Menschen umfasst diese Stufe die endomorphe, fleischliche Verbindung, wie sie von dem Tierkreiszeichen des Stiers, durch die Herrscherin des Tarot und durch Demeter-Ceres, Dionysos des Olymp, verkörpert wird.

Das Zeichen des Stiers wird oft durch einen Bullen symbolisiert. Dies ist unzutreffend und bringt den männlichen Chauvinismus zum Ausdruck, der den meisten okkulten und astrologischen Systemen zur Last wird. Das Zeichen des Stiers wird besser als Kuh/Kalb-Verbindung dargestellt, obwohl das Walross, der Frosch und der Tintenfisch geeignetere Totems sind. Der Stier ist ein kindliches Zeichen – begierig, sinnlich, sich nicht entfaltend. Die Tatsache, dass erwachsene Stiere begierig auf komplexere Elemente sind, sollte nicht über den Umstand hinwegtäuschen, dass sie gleichzeitig sehr mütterlich und sehr abhängig sind.

Stufe 3 Stier
Viszerotonische Bio-Überlebens-Fusion (synergistisch)
(Verbindung Säugling-Mutter)
(somatisch-politisch)

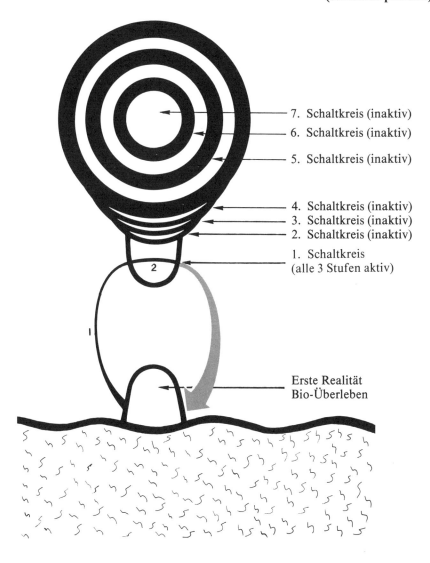

Stufe 3 beginnt, wenn der Säugling eine Verbindung mit der mütterlichen, lebensspendenden Person eingeht. Diese Stufe ist stammesgeschichtlich gesehen wirbellos. Der Mensch, dessen »Leitungen« darauf eingestellt sind, diese Rolle zu übernehmen, wird als Stier bezeichnet. Während des gesamten Lebens neigt er dazu, besonderen Wert auf materielle Bequemlichkeit und vegetative Befriedigung zu legen.

Stufe 4: Erregungs-Fortbewegungs-Empfänglichkeit

Der zweite Schaltkreis trat in Erscheinung, als die lebenden Organismen das Wasser verliessen, Rückgrate entwickelten, die Schwerkraft zu meistern begannen, das Territorium zu beherrschen lernten und Hierarchien der Dominanz entwickelten.

In der Entwicklung des einzelnen wird der zweite Schaltkreis aktiviert, sobald das Kleinkind zu krabbeln und zu watscheln beginnt.

Stufe 4 ist die erforschende, selbstbezogene Periode, in deren Verlauf das Kind die Schwerkraft zu beherrschen und die Fortbewegungsmuskulatur zu koordinieren beginnt, sich der Schwerkraft zum Trotz aufrichtet – jedoch bevor kooperative gefühlsbedingte Unterscheidungen gemacht werden. Das Kind umgrenzt ein neues, auf die Stärkung der Muskeln beruhendes Selbst, fähig, sich behende auf dem Boden fortzubewegen.

Stammesgeschichtlich bringt diese Stufe Tierformen hervor, die als »gefühlsmässig Einsame« handeln und ohne Gruppenzusammenarbeit überleben.

Diese Stufe wird in der frühen Psychologie als Zwillinge, Hohepriesterin, Hermes-Merkur (weiblich Mercuria-Hermia) dargestellt.

Das Tierkreiszeichen dieser Stufe ist der Zwilling – ein vieldeutiges, verwirrendes Zeichen. Der Zwilling wird besser durch Tiere umschrieben: Fischotter, Schakale, Füchse, Nagetiere – Kreaturen, die mit Hilfe von List, Geschwindigkeit und Beweglichkeit überleben.

Stufe 4 Zwillinge
Neuromuskuläre Empfänglichkeit
(Kind erlernt das Gehen)

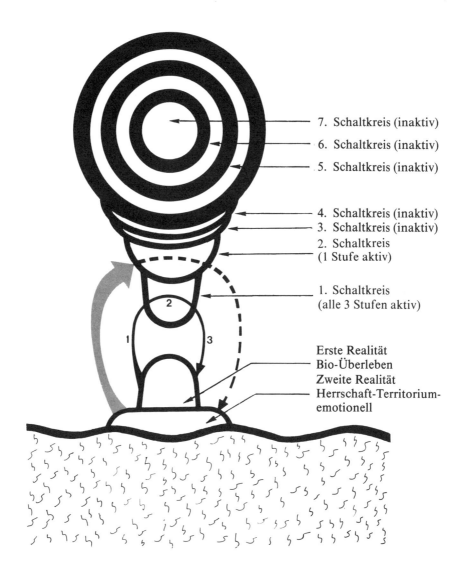

Stufe 4 setzt ein, wenn das Kind zu krabbeln und zu gehen beginnt. Die neurale Leitung des muskulären Schaltkreises ist eingeschaltet. Die empfangende Stufe des zweiten Schaltkreises umfasst Beweglichkeit und Ausweichen. Diese Stufe ist säugetierhaft. Der Mensch, dessen »Leitungen« darauf eingestellt sind, dieser Rolle zu entsprechen, wird als Zwillinge bezeichnet. Während des gesamten Lebens neigt er zu verborgener und flinker Beweglichkeit.

Stufe 5: Emotionelle Intelligenz

Der muskulotonische zweite Schaltkreis ist aufwärts gerichtet und beweglich – darauf programmiert, Hilflosigkeit zu vermeiden, das Territorium zu beherrschen und Autonomie zu erreichen.
Schwerkraft und Territorium sind Grundfaktoren der Evolution des Lebens. Um den Übergang vom marinen Leben zum Dasein auf dem Festland zu erleichtern, wird ein neuer neuraler Schaltkreis aktiviert. Das Überleben an Land schliesst eine Kontrolle der »Auslaufstrekke« ein und umfasst die Kraft und die Schlauheit, um das Territorium für Nahrungs- und Brutstätten halten zu können. Die verschiedenen Säugetierspezies haben komplizierte Strategien entwickelt – Muskelkraft, Geschwindigkeit, Tarnung, Ausweichen –, alle dazu bestimmt, sich nicht bezwingen zu lassen.

Sobald das Kind zu gehen beginnt, fängt es jenes komplexe Netz gefühlsbedingter Hierarchien zu erspüren an, das die Zweite Realität säugetierhafter Politik in sich fasst. Die Wahl der geeigneten gefühlsbedingten-politischen Erwiderung wird durch die Zweite Prägung bestimmt. Es gibt Zeiten, um sich zu nähern, auszuweichen, anzugreifen, zu dominieren, zu unterwerfen, zu geben oder zu nehmen. Das Erlernen komplizierter Nuancen innerhalb der Hackordnung, der Dominanz-Hierarchie und des territorialen Status ist für das Säugetier und das Kleinkind von lebenswichtiger Bedeutung. Motorisch-muskuläre Erwiderungen sind weiterhin nicht mehr automatische Annehmungs/Vermeidungs-Taktiken. Aufgenommene Signale werden von dem unruhigen, nervösen zweiten Gehirn genau geprüft, abgeschätzt und interpretiert; sodann wird die passende gefühlsbedingte Erwiderung ausgesucht.

Diese Stufe wird durch das Tierkreiszeichen des Krebses, durch den Herscher des Tarot und durch die Hestia des Olymp personifiziert.

Das Tierkreiszeichen dieser Stufe ist der Krebs: ein besseres neurogenetisches Totem ist in diesem Zusammenhang ein Kentaur mit dem Gesicht Leonid Breschnews oder vielleicht ein zigarrenrauchender Dinosaurier.

Stufe 5 Krebs
Neuromuskuläre Intelligenz
(Das Kind lernt Schwerkraft und Territorium zu beherrschen)
(Säugetiergehirn)

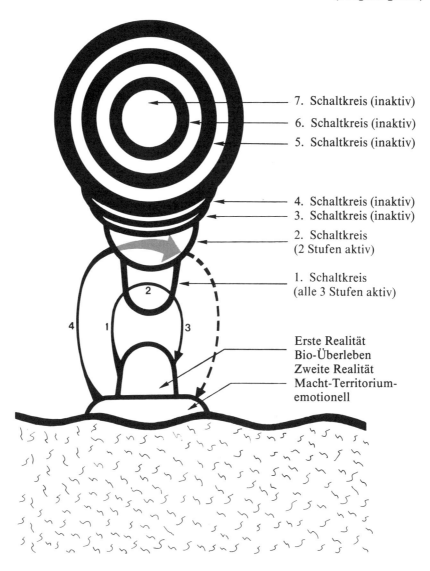

- 7. Schaltkreis (inaktiv)
- 6. Schaltkreis (inaktiv)
- 5. Schaltkreis (inaktiv)
- 4. Schaltkreis (inaktiv)
- 3. Schaltkreis (inaktiv)
- 2. Schaltkreis (2 Stufen aktiv)
- 1. Schaltkreis (alle 3 Stufen aktiv)

Erste Realität
Bio-Überleben
Zweite Realität
Macht-Territorium-
emotionell

Stufe 5 setzt dann ein, wenn das gehende Kind Beweglichkeit und Muskeltätigkeit über Begriffe wie Beherrschung, Status und Freiheit zu verstehen beginnt. Diese Stufe ist säugetierhaft. Der Mensch, dessen »Leitungen« (genetisch) darauf eingestellt sind, diese Rolle zu bevorzugen, wird als Krebs bezeichnet. Während des gesamten Lebens neigt er dazu, besonderen Wert auf Besitz, Beherrschung und zentrale Stellung zu legen.

Stufe 6: Emotionelle Fusion

Die nächste Stufe neuromuskulärer Anpassung umfasst die Gruppenkommunikation und Kooperation zwischen den Mitgliedern der Insektenkolonie, der Primatenschar, Biberkolonie, Herde oder Menschengruppe.

Ein verwickeltes gesellschaftliches Netz tritt in Erscheinung. Das Überleben des einzelnen hängt vom Unterscheiden sozialer Unterschiede und der Einordnung in das gesellschaftliche Netz ab. Der Organismus untersagt eine gewisse Autonomie, um sich der Gruppe anzugleichen. Die Aufteilung gefühlsbedingter Rollen und gesellschaftlicher Fusionen traten dann im Rahmen der Menschheits-Evolution in Erscheinung, als die vor-menschlichen Primaten Jagdrotten und hierarchische Gesellschaftseinheiten formten.

Die zweite Schaltkreisprägung bestimmt den emotionellen Stil, das interpersonelle Ego, das bis ins Erwachsenenalter bestehen bleibt.

Diese Stufe wird durch Löwe, Hohepriester, Apollo/Amazone verkörpert; die säugetierhaften Politiker.

Das neurogenetische Stammwappen ist der Löwe/die Löwin. Der Krebs der 5. Stufe packt und hält. Der Löwe der 6. Stufe leitet und dominiert mittels politischer Verbindung.

Stufe 6 Löwe
Neuromuskuläre Verbindung
(Das Kind prägt eine Vorherrschafts-Rolle)
(Säugetierhafter Politiker)

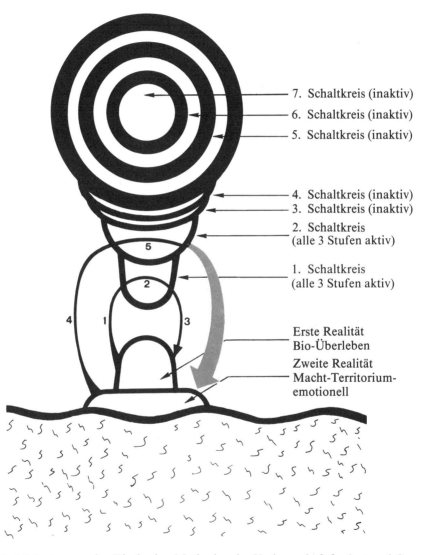

Stufe 6 wird aktiviert, wenn das Kind seine Methoden der Vorherrschaft festlegt und Gruppen/Herden-Verbindungen anknüpft, um das Territorium zu erhalten. Diese Stufe ist stammesgeschichtlich jene des gesellschaftlich-Tierischen, des säugetierhaften Politikers. Der Mensch, dessen »Leitungen« genetisch darauf eingestellt sind, diese Rolle zu übernehmen, wird als Löwe bezeichnet. Während des gesamten Lebens legt er besonderen Wert auf gesellschaftliche Dominanz.

Stufe 7: Empfänglichkeit Laryngo-manueller Symbole

Der dritte Schaltkreis trat stammesgeschichtlich dann in Erscheinung, als die linke Hirnhälfte die besonderen Vermittlungsfunktionen des Menschen in bezug auf Geschicklichkeit, Umgang mit Werkzeugen und Beherrschung der neun Kehlkopfmuskeln – die Vollzieher der Symbolsprache – zu entwickeln begann. Der Hominide der Altsteinzeit.

Die erste Stufe der symbolischen Intelligenz ist rezeptorisch, nachahmend, sich selbst in den Mittelpunkt stellend. Der Knochen und Steine »entdeckende« Mensch der Altsteinzeit. Das Kind, das die von Erwachsenen zur Schau gestellten Symbole akzeptiert und nachahmt. Der Erwachsene, der Symbole irrational als magische, wiederholbare Zeichen verwendet.

Auf dieser ersten symbolischen Stufe ist keine Erfindungsgabe, kein begriffliches Denken, keine konstruierte Handhabung vorhanden. Wiederholung bestimmt die Art des Denkens und Handelns. Befriedigung erwächst aus dem Ergreifen des dargebotenen Symbols; eine rein mechanische Verrichtung.

Primitive menschliche Gemeinschaften entwickeln sich nicht über diese Stufe symbolischer Passivität hinaus. Gewisse Individuen überschreiten diese geistige Stufe aufgrund einer genetischen Schablone oder Prägung.

Die auf Stufe 7 vorhandene Wiederholung von Symbolen wird von Intellektuellen und Philosophen – die erlernen, wie Worte erzeugt und danach geschickt wiederholt werden – aufs farbenprächtigste dargestellt. Ein einfaches Bravourstück muskulärer Manipulation, das sowohl Betroffene als auch Aussenstehende stark beeindruckt.

Stufe 7 wird durch die Jungfrau, die Liebenden des Tarot und Diana/Minerva-Narziss/Hyazinthus-Echo des Olymp verkörpert.

Stufe 7 Jungfrau
Laryngo-manuelle Symbol-Empfänglichkeit
(Das Kind lernt sprechen und Handfertigkeit)
(Altsteinzeitliches Nachahmen)

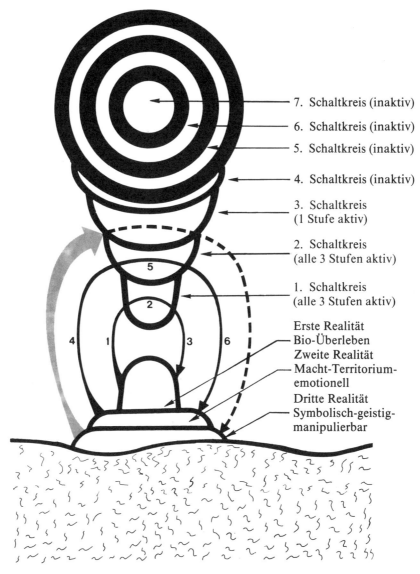

Stufe 7 wird aktiviert, wenn das Kind zu sprechen und mit Gerätschaften umzugehen beginnt. Man beachte, dass Stufe 8 und 9 zur Aktivierung bereit sind. Diese Stufe ist stammesgeschichtlich jene des frühen Primaten. Der Mensch, dessen »Leitungen« genetisch darauf eingestellt sind, diese Rolle zu übernehmen, wird als Jungfrau bezeichnet.

Stufe 8: Laryngo-manuelle Symbol-Intelligenz

Wenn der dritte Schaltkreis in Erscheinung tritt, lernt das Kind schnell, die Welt mittels Manipulationen des Kehlkopfknorpels und der Handmuskulatur zu erfassen.

Die Realität des Säuglings wird durch den ersten vegetativen Schaltkreis bestimmt.

Die vor-verbale Realität des Kindes wird durch den zweiten Schaltkreis bestimmt – massive Muskulatur, die Fortbewegungsfähigkeit und Steigvermögen vermittelt.

Der dritte Schaltkreis ist in der linken Hirnhälfte lokalisiert, welche die neun Muskeln des Kehlkopfes und die über Geschicklichkeit entscheidende Feinmuskulatur überwacht.

Die aufnahmefähige Stufe dieses Schaltkreises (Stufe 7) zieht die passive Wiederholung laryngealer und manueller Abfolgen mit ein. Magie des Wortes. Abergläubische Symbolik.

Stufe 8 – das dritte Gehirn integriert Symbol-Signale und verbindet, schätzt und stimmt die Symbolik aufeinander ab.

Die Bedeutung und die Allgegenwart der laryngo-manuellen zerebrotonischen Wirklichkeit wird von den Psychologen nicht verstanden. Der technologisierte Mensch ist beinahe ununterbrochen von Kunsterzeugnissen umgeben. Nackt der Wildnis ohne Kunsterzeugnisse ausgesetzt, kann SiEr nur dahingehend existieren, als SiEr sofort eine neue Realität von Kunsterzeugnissen errichten kann.

Die Funktion des laryngealen Mind wird von den Philosophen sogar noch weniger erkannt. Geistige Gesundheit und Überleben hängen von der erlernten Fähigkeit ab, die Stimmbänder mit adäquater Geschicklichkeit einzusetzen. Jegliches Denken und beinahe das gesamte geistige Bewusstsein wird durch geräuschlose laryngo-muskuläre Bewegungen **vollzogen.**

Die acht Stufen der Spezies und die individuelle Evolution beziehen sich auf die ausführende Gewalt über diese beiden spezifischen Muskelsysteme – Kehlkopf und Hand –, wie sie von der linken Hirnhälfte vermittelt wird.

Diese Stufe wird durch die Waage, Psyche-Mnemosyne/Prometheus des Olymp und den Wagen des Tarot verkörpert.

Stufe 8 Waage
Laryngo-manuelle Symbol-Intelligenz
(Das Kind lernt, symbolisch zu denken)
(Frühe wissenschaftlich-symbolische Kultur)

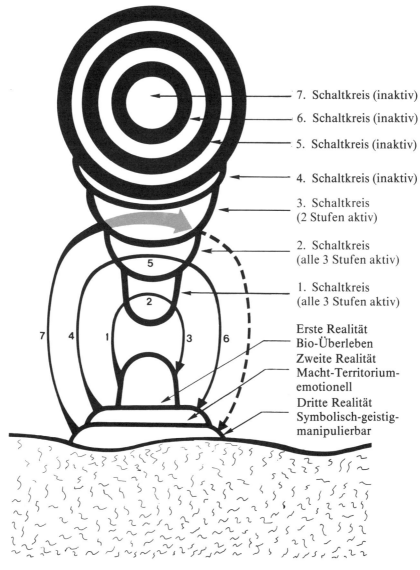

Stufe 8 wird aktiviert, wenn das Kind Symbole miteinander zu verknüpfen beginnt, wenn es »denkt«. Diese Stufe ist stammesgeschichtlich jene der Primaten. Der Mensch, dessen genetische »Leitungen« darauf eingestellt sind, diese Rollen zu übernehmen, wird als Waage bezeichnet.

Stufe 9: Symbol-Manipulation

Die Entwicklung von L.M.-Intelligenz schliesst eine Kommunikation von Symbolen ein; Symbol-Erfindungsgabe und Kreativität. Das Auflösen eingefahrener Symbolabläufe und die Erschaffung neuer Symbole und Symbolverbindungen. Der Hominide des Bronzezeitalters stellt diesbezüglich den Prototyp dar; Hacken, Bergbau, Schmelzen der natürlichen Struktur. Die schöpferische Verwendung des Feuers. Kreatives Handwerk.

Während gewisser Epochen der Geschichte haben sich gesellschaftliche Gruppen und Einzelwesen darauf spezialisiert, statische, eingefahrene Symbolabläufe zu spalten und neue Verbindungen zu erschaffen. Jedes Individuum entwickelt im Verlauf der vorpubertären Stufe seinen eigenen Kommunikationsstil. Während einige genetisch vorprogrammiert sind, innerhalb der larvalen Gesellschaft die Rolle dieses Symbolerneuerers zu übernehmen, durchläuft jedes einzelne Individuum diese Stufe im Zyklus seiner persönlichen Entwicklung. Diese Stufe wird durch den Skorpion, die Kraft des Tarot und die griechisch/römische Athene-Minerva/Vulkanus-Theseus-Gruppe verkörpert.

Stufe 9 Skorpion
Laryngo-manuelle Symbol-Manipulation
(Erfinderischer, kreativer Umgang mit Symbolen)

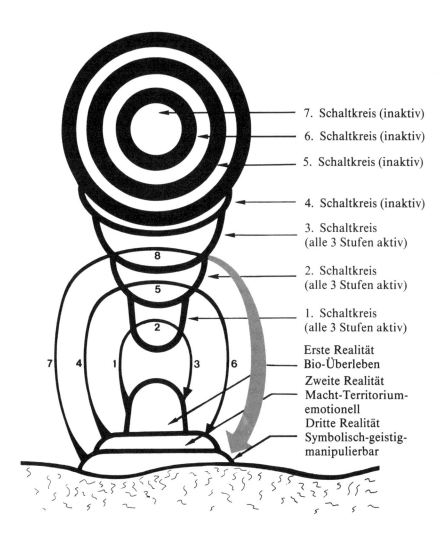

Stufe 9 wird aktiviert, wenn der Primat neue Symbole zu erfinden und neue Verbindungen zu erschaffen beginnt. Diese Stufe wird stammesgeschichtlich im allgemeinen als jene des primitiven, vor-zivilisierten Menschen betrachtet. Der Mensch, dessen genetische »Leitungen« darauf eingestellt sind, diese Rolle innerhalb der zwölf Einheiten umfassenden Menschengruppe zu spielen, wird als Skorpion bezeichnet.

Stufe 10: Sexuell-häusliche Empfänglichkeit*

Der vierte Schaltkreis des Nervensystems wird zur Zeit der Pubertät aktiviert, wenn der Körper den Zustand der Zeugungsreife erlangt. Das neue generotonische neurale Verdrahtungsnetz vermittelt eine viel komplexere Stufe der Bewusstseinsintelligenz und schafft eine neue Wirklichkeit, die von dem Sperma/Ei-Drängen und von domestizierter Läuterung der Sexualität beherrscht wird.

In der Evolution der Spezies tritt die Stufe 10 in Erscheinung, sobald die Technologie des Eisenzeitalters die Beweglichkeit bewaffneter Banden ermöglicht (Seefahrt mit Schiffen, die mit Hilfe von Metallwerkzeugen gebaut worden sind); damit nimmt die unterste Stufe des gebietenden, souveränen Staates seinen Anfang – männerorientiert, **macho**, freibeuterisch, kriegsähnlich, gesetzlos, raubgierig. Diese homerische stammesgeschichtliche Stufe wird natürlich in der Jugend des Menschen wiederholt. Frauen sind auf dieser Stufe Sexobjekte, hübsche »Besitztümer«, Playboy-Pin-ups, Venus-Aphroditen.

Die erste jugendliche Stufe der sexuellen Prägung ist forschend, empfangend, selbstbezogen, selbstbestimmt, orgasmusorientiert und narzisstisch undomestiziert.

Im Verlauf dieser Stufe wird die sexuelle Prägung festgelegt, die vierte Realität bestimmt und eine Form sexueller Verkörperung ausgesucht. Das sexuelle Rollenverhalten wird leidenschaftlich durchgespielt. Die Bewusstseinsintelligenz ist besessen von Umwerbungsritualen, Entfaltung, sexueller Entdeckung – oder, falls die genetische Schablone neutral ist und/oder die sexuelle Prägung abweist, wird die Energie auf eine starke Verpflichtung gegenüber nicht-genitalen gesellschaftlichen Rollen, jugendlichen Idealisierungen, quälender Anti-Sexualität, romantischen Verdrängungen gelenkt. Ein verwirrender Aspekt der noch nicht fortpflanzenden sexuellen Stufe ist die Tatsache, dass gesellschaftlicher Druck eine Verhaltensweise stimulieren kann, auf die das Nervensystem nicht eingestellt ist; dies führt zu leidenschaftslosem Kopulationsspiel von seiten der genetisch Geschlechtslosen und zu höchst belastender Enthaltsamkeit seitens jener, deren Sexualität gesellschaftlich verboten ist.

Der vierte Schaltkreis bestimmt sozio-sexuelle Rollen, die so unterschiedlich sind wie die Kasten-Typen innerhalb einer Insektenkolonie. Ein grosser Prozentsatz der Menschen ist nicht für Fortpflanzung und Elternschaft bestimmt, sondern neurogenetisch darauf eingestellt, andere domestizierte Rollen zu übernehmen. Stammesgeschichtlich gesehen, trat der vierte Schaltkreis dann in Erscheinung, als sich der **Homo sapiens** aus der frühen gesellschaftlichen Gruppe des Bronze/Eisen-Zeitalters entwickelte, in der es keine Rollenunterscheidung zwischen Männern und Frauen gab (mit Ausnahme des Macht-Status), und die komplizierten gesellschaftlichen Strukturen der urbanen Zivilisation entfaltete.

Stufe 10 wird als Schütze, Einsiedler und als Ares-Mars/Aphrodite-Venus verkörpert.

---

* Der Individualist; von den Sowjets als Radaubruder bezeichnet.

Stufe 10 Schütze
Gesellschaftlich-sexuelle Rollen-Selektion

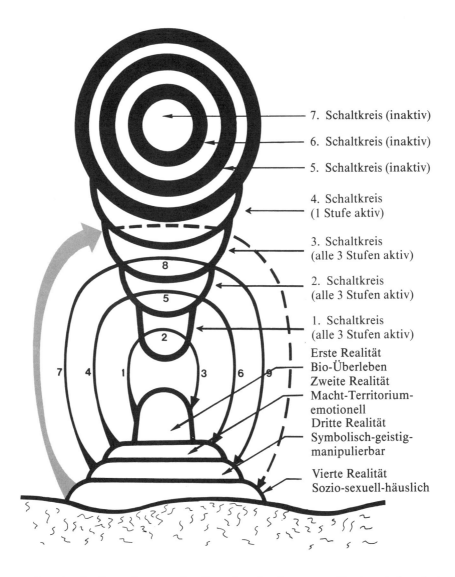

Stufe 10 beginnt in der Jugend, wenn der Sexualmechanismus angetörnt und der vierte Schaltkreis aktiviert ist. Zu diesem Zeitpunkt findet die sexuelle Prägung statt – die Verkörperung einer sexuellen Rolle wird entwickelt. Stammesgeschichtlich bestimmt dieser Schaltkreis den homerischen Affen, den zivilisierten Larvalen. Jener Mensch, dessen genetische »Leitungen« darauf eingestellt sind, diese Rolle zu übernehmen, wird als Schütze bezeichnet.

Stufe 11: Sexuelle Domestizierung, Elternschaft*

Der vierte Schaltkreis schafft die auf Eltern und Familie gerichtete gesellschaftliche Wirklichkeit.

Wenn dieser Schaltkreis aktiviert wird, registriert die sozio-sexuelle Prägung in der Umgebung blindlings jenes Objekt, das zugleich Auslöser und Zielscheibe des sexuell-häuslichen Impulses wird.

Ein kompliziertes genetisches Vorprogrammieren bestimmt die Art und die Anzahl soziosexueller Typen, die zur Erhaltung der ausgedehnten Familie notwendig sind. So wie das »DNS-Gehirn« der Insektenkolonie die richtige Anzahl Arbeiter, Drohnen, Krieger auf den Plan ruft, so bringt das »Spezies-Gehirn« des **Homo sapiens** die Aufzucht-Typen unter den Menschen hervor.

Die larvalen Menschen sind sich ihrer Funktion als »Staat-Träger« und ihrer genetischen, vorprogrammierten Rolle nicht bewusst. Einige sind geschlechtlich neutral, andere zur Elternschaft bestimmt. Es ist sehr einfach, die sozio-sexuelle Rolle von Menschen zu bestimmen – selbst zu einem so frühen Zeitpunkt wie dem Beginn der Pubertät.

Die Vielfalt genetischer und neuraler Menschentypen bewirkt beträchtliche Verwirrung und gesellschaftliche Konflikte. Gesetze, ethische Vorschriften und Erziehungsmethoden spiegeln eine Homogenität vor, die es nicht gibt. Die menschliche Gesellschaft ist ein Darwinscher, von einem breiten Entwicklungsspektrum bevölkerter Dschungel. Die vierte Prägung kanalisiert diese genetischen Unterschiede – und beugt ihnen vor –, indem sie das Nervensystem mit gesellschaftlichen Standardmodellen verbindet. Der Mensch ist durch Prägung »domestiziert«, in Form konventioneller Familienmuster zu reagieren – einschliesslich Onkel und Tanten, Grosseltern usw. Zur Zeit der Schwängerung finden mächtige biochemische und neurologische Veränderungen statt, die nestbezogene und kinderbeschützende Reaktionen bewirken. Selbst jene, die keine Eltern sind, sind darauf programmiert, das Wohlergehen der Kinder hochzuachten und dasselbe sittlich zu veredeln.

Die elfte Stufe neuraler Entwicklung (elterliche Domestizierung) wird durch den Steinbock, durch das Rad des Lebens und Juno-Hera/Jupiter-Zeus verkörpert.

Während die elfte Stufe völlig häuslich verläuft – einschliesslich all der elterlichen Rollen der Grossfamilie –, ist deren Verlaufsspur grundsätzlich weiblich. Historisch ersetzte die familienorientierte Gesellschaft den vom Mann dominierten Raubtierstaat durch den sanfteren Umgang via Handel und Familienmodell.

In diesem Zusammenhang ist es nützlich, sich in Erinnerung zu rufen, dass jede neurogenetische Verlaufsspur grundsätzlich entweder männlich oder weiblich ist. Während jeder sich entwickelnde Mensch jede einzelne Stufe durchläuft – effektiv oder neurogenetisch –, besteht ein fundamentaler rhythmischer Wechsel zwischen männlichen und weiblichen Stufen.

Die neurogenetische Evolution umfasst eine interessante, als schraubenartig zu bezeichnende Entwicklung wechselseitiger Geschlechtsrollen.

Der männliche Fisch ist die maskuline Form der weiblichen Stufe. Ein weiblicher Löwe bildet die weibliche, amazonenhafte Version der männlichen Stufe.

Auffallend ist die Schwierigkeit, unter den griechisch-römischen Gottheiten ein männliches Gegenstück zu finden: Fisch-Persephone, Stier-Demeter, Krebs-Laren und Penaten, Jungfrau-Diana, Skorpion-Athene. Dasselbe Problem findet sich beim Bestimmen einer weiblichen Ergänzung: Widder-Neptun, Zwilling-Merkur, Löwe-Apollo, Waage-Prometheus.

---

* Der bürgerliche Mensch (Bourgeois).

Stufe 11 Steinbock
Gesellschaftlich-sexuelle Häuslichkeit

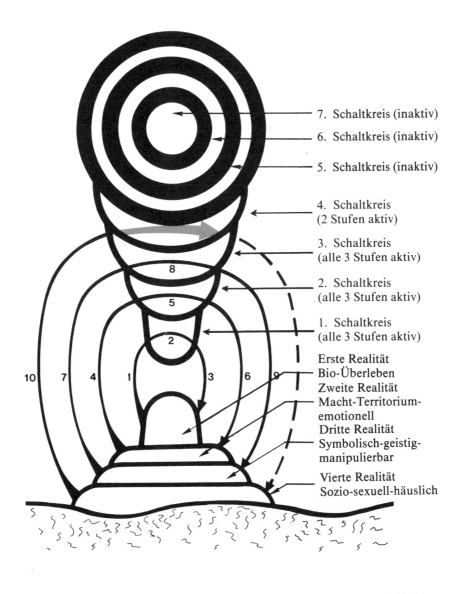

Stufe 11 wird aktiviert, wenn das Nervensystem eine geschlechtliche Sperma/Ei-Verkörperungsform einprägt. Stammesgeschichtlich bestimmt diese Stufe die familienorientierte Zivilisation, die dem kollektivistischen Staat vorausgeht. Der Mensch, dessen genetische »Leitungen« darauf eingestellt sind, diese Rolle zu übernehmen, wird als Steinbock bezeichnet.

Stufe 12: Kollektive Sozialisierung (Insektoid)

Die kollektive Sozialisierung ist offenbar der wirksamste Überlebensbeweis.

Zwei-hirnige Säugetiere ziehen ihre Abkömmlinge bis zur Reife auf, wonach sie zu diesem Zeitpunkt unabhängige Rivalen werden. Drei-hirnige Primaten leben in Rotten oder Gruppen mit einer rudimentären gesellschaftlichen Organisation und geschlechtlicher Rollenunterscheidung. Insekten und der **Homo sapiens** haben einen unbesiegbar anpassungsfähigen Mechanismus entwickelt – die zentralisierte Gesellschaft, in welcher das Schicksal des Einzelnen dem Wohlergehen des Kollektivs untergeordnet ist. Sowohl das menschliche Individuum als auch die gesamte Spezies entwickeln auf der **Stufe 10** eine vor-elterliche, selbstgefällige, undomestizierte, raubtierhafte Sexualität, um über die **Stufe 11** der familienorientierten Gesellschaft mit elterlicher Verantwortung zur **Stufe 12** zu gelangen. Hier wird der sexuell mit Energie aufgeladene häusliche Instinkt erweitert und von der Familie über die insektoide Gesellschaft zum breitangelegten zentralisierten Sozialismus sublimiert.

Die **Stufe 10** ist sexuell selbstorientiert und hatte sich historisch in den mediterranen Kulturen entwickelt – hellenistisch, arabisch, katholisch; feudalistisch, aristokratisch –, in denen der Mann die Macht zur sexuellen Befriedigung benutzt und Frauen Besitztum darstellen. Diese »jugendliche« Stufe sexueller Vergesellschaftung ist gleichzeitig üppig ausschweifend und unerbittlich moralisch. Es ist kein Zufall, dass die Mittelmeerkulturen sowohl die arabische Sinnlichkeit als auch die Prüderie des Islams hervorgebracht haben, den hellenistischen Hedonismus und die vorchristliche Askese, das katholische Mönchtum und die lateinische Sexualität, den ruchlosen König und die entsagende Priesterschaft. Frauen sind Huren oder Heilige.

Die geschlechtliche Zähmung der **Stufe 11** beruht auf der Familie und entwickelte sich historisch im nördlichen Europa in Form einer mittelständischen Bruderschafts-Vereinigung. Inzest-Tabus verbieten eine freie Sexualität unter Sippenangehörigen.

Wie diese Evolutions-Periode mit ihrer Demokratie, ihrem freien Unternehmerwettbewerb, ihrem Parlamentarismus, ihrer Konsumorientierung, ihrem Besitzrecht auch immer aussehen mag – sie ist offenbar eine weniger wirksame und weniger erfolgreiche Form gesellschaftlichen Überlebens als der insektoide Kollektivismus der **Stufe 12**.

Diejenigen, die von mediterranen oder mittelständischen demokratischen Modellen geprägt worden sind, können die Macht der Kollektivprägung nicht begreifen. Die tief verwurzelte Selbstachtung, wie sie der mediterrane Mensch empfindet, und die für die Familie bestimmte Häuslichkeit der Stufe 11 werden auf Stufe 12 durch Ergebenheit gegenüber dem Staat ersetzt.

In der kollektiven Gesellschaft werden Individualismus (von den Sowjets als »Rowdytum« bezeichnet), romantische Liebe und familiäre Loyalität (was die Sowjets »bürgerlich« nennen) als böse und verräterisch empfunden. Das Kind, dessen Nervensystem sich im Rahmen eines sozialistischen Kollektivs entwickelt, belohnt den Staat mit sublimierter Sexualität, die in vorsozialistischen Gesellschaften in individuelle und familiäre Verbindungen aufgeteilt ist. Dies bedeutet, dass nun alle Umwerbungsaktivitäten – Kleidung, Brautwerbung, ritualmäßiger Ausdruck von Leidenschaft, Musik, romantische Symbolik –, wie sie vorher zur Anziehung eines gegengeschlechtlichen Partners bestimmt waren, auf das Erlangen staatlicher Anerkennung gerichtet werden.

Sozialistische und kommunistische Staaten sind prüde und üben aus bedeutenden neurologischen Gründen einen hemmenden Einfluss auf die Sexualität der Knaben/Mädchen aus. Die Paarungs- und Häuslichkeitsinstinkte werden durch den Staat mitbestimmt. Das Nistverhalten, die schützenden Überlegungen in bezug auf die eigene Scholle, hegen und pflegen, nähren, unterstützen und verteidigen nun den Staat.

Die auf Stufe 12 vorhandene sozialistisch-idealistische Sublimation sexueller Energie ist der abschliessende Höhepunkt larvaler Evolution. Sämtliche Schlagworte sind wahr. Die organisierte Demut soll die Erde erben. Die Massen werden den Planeten regieren. Insektenhafter Sozialismus wird vorherrschen.

Stufe 12 wird durch das Tierkreiszeichen Wassermann, durch die Gerechtigkeit im Tarot und durch Themis-Nemesis des Olymp verkörpert.

Die auf Stufe 12 vorhandene Bewusstseinsintelligenz schliesst eine Loslösung von zahlreichen instinktiv-neuralen Reflexen aus, die den sich entwickelnden Larvalen Sicherheit geboten haben. Die sozialistische Prägung fordert, dass der Einzelne und die Familie jene Kontrollen und Freiheiten dem Staat überlassen, der dem Individuum bis anhin das Überleben gesichert hatte. Die Tier-Prägung des zweiten Schaltkreises in bezug auf Heim, Boden und Territorium wird aufgehoben. Es gibt keinen Privatbesitz mehr. Alles Land gehört dem Staat, oder in korporativ-kapitalistischen Gesellschaften gehört das Haupthaus der Bank, und der Einzelne wird von der Firma des öftern an einen anderen Ort versetzt, damit auf diese Weise die Verbindung zur Scholle gebrochen wird. Die L.M.-Symbole des dritten Schaltkreises sind standardisiert. Das sozialistische Kind kann seinen Mind nicht in erzieherischem bildendem Zusammenhang einer breiten Skala laryngo-manueller Muskelsysteme »auftun«. Der erfindende, kreative Geist verschwindet. Kultureller Lebensstil, die Geschlechtsrolle, private, sublimierte Ausdrucksweise – die dem domestizierten Larvalen die Illusion der Einmaligkeit vermitteln –, werden zur Sowjet- bzw. Fernseheinförmigkeit homogenisiert (ein schönes Wort!).

Obwohl dieser insektoide Mono-Kultismus mit seiner Unterordnung früherer menschlicher Werte (individueller und familiärer Art) erschreckend ist, bildet die Stufe 12 einen unvermeidlichen, evolutionären Schritt. Jeder neue Schaltkreis des Nervensystems führt zu einer höheren Stufe der Verknüpfung-Vereinigung:

1. Einzellige Formen ballen sich zu mehrzelligen Organismen.
2. Organismen ballen sich zu territorialen Rotten, Herden, Gruppen.
3. Werkzeug herstellende Hominide ballen sich zu Handwerkszünften, Handelsunionen, sich in Symbolen teilenden Kollektiven.
4. Familien erweitern sich zu riesigen zentralisierten Staaten.

Die insektenhaften Staatskollektive sind ein notwendiger Schritt im Verlauf der larvalen Evolution. Nur der zentralisierte Staat kann die Technik nutzbar machen, um den nächsten evolutionären Schritt zu ermöglichen: die Auswanderung von diesem Planeten. Es ist nötig, sich von den roboter-säugetierhaften Verbindungen zum eigenen Stück Territorium, zu lokalen Symbol-Fetischen, persönlichen Geschlechtsrollen, Familienverpflichtungen zu trennen, um für die Mutation frei zu sein. Der Vogel muss seine Nest-Prägung rückgängig machen, um nach Süden zu ziehen.

Die vier larvalen Prägungen können als »Lande-Kokons« betrachtet werden, als neurale Erweiterungen des plazentalen Planeten, neuro-umbilikale Stränge zur Sicherung fetalen Überlebens. Die genetische Technik ist einfach zu verstehen. Bei der Geburt landet die **DNS** im Körper des Säuglings auf dem neuen Planeten und sendet in der Folge vier lebensunterstützende Systeme aus:

>
> ventral-dorsal
> muskulär
> manipulierbar (laryngo-manuell-muskulär)
> dem Geschlechtlichen zugehörig

Wenn sich der vier-hirnige Larvale bis zu jener Ebene der Bewusstseinsintelligenz entwickelt hat, wo die zur Metamorphose in Richtung »Auswanderungsflug« notwendige Technik organisiert werden kann, ist es offensichtlich nötig, die vier neuro-umbilikalen Stränge von der Erdumgebung zurückzuziehen. Larvale Prägungen müssen widerrufen werden. Roboter-Reaktionen gegenüber der Erdumgebung müssen verinnerlicht werden. Dieser Vorgang ist als »dropping out« bezeichnet worden.

Hier liegt der Widerspruch des technischen Mystizismus: Um zu den Sternen zu gelangen, muss man in sich hineingehen und seinen eigenen Körper, sein eigenes Gehirn, seine eigene **DNS** zu beherrschen wissen.

Um den Mutterplaneten zu verlassen, muss die Frau/der Mann Bindungen an äusserliche Stimuli fallen lassen. Um weltliche Ambitionen abzutrennen, kann nur der dunkle Zwang mächtigen materialistischen Verlangens auf neurogenetischem Wege wiederholt aufgezeigt werden.

Die Direktive lautet: Erreiche die Bewusstseinskontrolle über die vier neuen neuralen Prozesse, welche bis anhin durch die vier geprägten Bindungen blockiert worden sind.

Die vier nach-irdischen Schaltkreise sind Zeit-Versionen der vier larvalen Prägungen.

Die vier larvalen Schaltkreise vermitteln die muskuläre Beherrschung des Raum-Territoriums.

Die vier nach-larvalen Schaltkreise vermitteln die neurologische Beherrschung des »Zeit-Territoriums«.

Der erste larvale Schaltkreis prägt blindlings den vegetativen Körper auf äusserliche, endomorphe Nahrung. Der fünfte (neurosomatische) Schaltkreis – der erste nachlarvale – befreit den Körper von seiner Umgebungs-Prägung. Um im ausserirdischen, gravitationsfreien Weltraum zu existieren, muss der Körper als ein von Erdbindungen unabhängiges Zeitschiff erlebt und beherrscht werden.

Das kindliche Dahintreiben der Stufe 1 wiederholt sich auf Stufe 13; neurosomatische passive Empfänglichkeit. Der angetörnte Hippie ist der ausserirdische »Neugeborene«.

Stufe 2 – die biovegetative Intelligenz – wird auf Stufe 14 wiederholt: neurosomatische Intelligenz.

Stufe 3 – die Verknüpfung in bezug auf das Bio-Überleben – wiederholt sich auf Stufe 15: neurosomatische Fusion.

Das Buch *The Eight Calibre Brain* legt dar, wie die muskuläre Territoriums-Beherrschung des zweiten Schaltkreises durch neurologische Geschwindigkeit, Beweglichkeit, Einsteinsche Wendigkeit und Macht ersetzt wird; der Kampf um territoriale Macht von Schaltkreis 2 entspricht der auf Schaltkreis 6 vorhandenen Beherrschung der Realität. Und die Erfindung und Erschaffung (von L.M.-Symbolen) des dritten Schaltkreises wird durch den »Genius« der Genetik ersetzt: Schaltkreis 3 wird Schaltkreis 7. Das Leben ist ein sich organisch entwickelndes System von Aminosäure-Symbolen; das Alphabet der **DNS,** durch atomare Intelligenz zusammengesetzt.

Die erschreckende Homogenität des Stufe-12-Massenkults setzt das larvale Nervensystem für die Auswanderung frei. Nur die organisierte Ameisenkolonie konnte Alamogordo, V-2, Sputnik und Apollo 13 hervorbringen. Das Entsetzliche des vereinigten sozialistischen Staates ist nicht der Kollektivismus an sich, sondern die Tatsache, dass die angepeilten Ziele und Endeffekte larval-materialistischer Art sind.

Die chinesisch-russischen und amerikanischen Massenkulte wirken abstossend, weil deren Ideale chauvinistisch, konkurrenzbezogen, imperialistisch und territorial sind. Die Demoralisierung und das Elend der grossen Technologie-Imperien sind dem zwecklosen Materialismus anzulasten. Die Langeweile und Frustration insektenhaft larvaler Kultur-Überbevölkerung – keine Grenze zu erforschen, nichts bleibt als das Taumeln von einer Krise zum nächsten Skandal oder das Provozieren von Streit entlang der chinesisch-sowjetischen Grenze oder den Golan-Höhen.

Der **Homo sapiens** ist daran zu entdecken, dass die expandierende Bewusstseinsintelligenz das Ziel der Reise darstellt. Diese Freude findet sich nicht im äusserlichen Materialismus, sondern im Innern der Zeithülle unseres Körpers. Diese Kraft liegt nicht in den Muskeln oder in muskelersetzenden Maschinen, sondern im Gehirn, auf dass sich das evolutionäre Programmschema in den heiligen Schriften der Genetik und die höhere Intelligenz in der Galaxis finden.

Innerhalb eines Jahrzehnts (d. h. um 1986) werden die ersten Männer und Frauen ins All auswandern. Die neuropolitische Wucht dieser »familiären« Auswanderung wird tiefgreifend sein. Die Menschen von heute können in den Himmel schauen und wissen, dass männliche amerikanische Krieger-Astronauten auf dem Mond umhergeschritten sind, dass Pioniersonden den Jupiter umkreist haben. Die Wirkung ist nicht begeisternd – die Astronauten waren Roboter, mit denen sich die Menschen nicht identifizieren konnten.

Aber wenn die Menschen in den Himmel schauen und realisieren, dass Saatgut dort hinausgeschickt worden ist, dass Männer und Frauen den Planeten auf Nimmerwiedersehen verlassen haben und dort leben, lieben, kochen und Kinder kriegen – nach neuen Formen des Seins im ausserirdischen Raum suchend –, so wird die Metamorphose zur neurologischen Wirklichkeit.

Ziel des Stufe-12-Massenkults wird das Erforschen neuer Welten sein – nicht nach Gold, sondern nach der nächsten Stufe der Bewusstseinsintelligenz suchend.

Der erste Schritt zur Entwicklung in Richtung einer nachlarvalen Existenz bildet die neurosomatische Bewusstseinsintelligenz – die Auferstehung des Körpers, Beherrschung des Körpers als eines von larvalen Prägungen unabhängigen Zeitschiffes; Schaltkreis 5.

Stufe 12 Wassermann
Gesellschaftlich-sexuelle Kollektivität

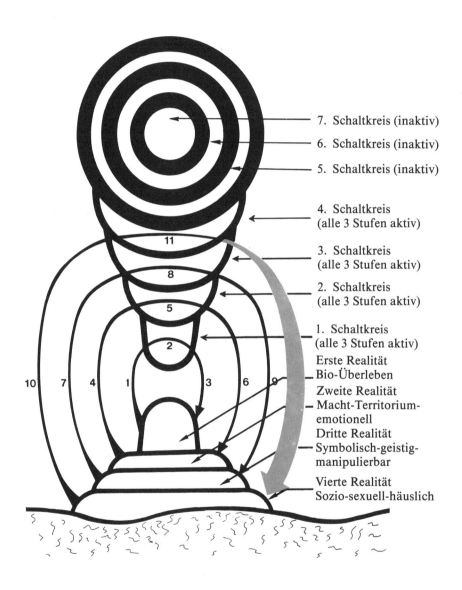

Stufe 12 wird aktiviert, wenn das Nervensystem die Gesellschaft als seine gesellschaftlich-sexuelle Verbindung einprägt. Stammesgeschichtlich bestimmt diese Stufe die kollektivistische Gesellschaft, den sozialistischen Staat. Der Mensch, dessen genetische »Leitungen« darauf eingestellt sind, diese Rolle zu übernehmen, wird als Wassermann bezeichnet.

Die zwölf ausserirdischen Stufen der Evolution

Wie wir gesehen haben, bedeutet die erste Stufe jedes neuen evolutionären Schaltkreises jeweils die Befreiung von der vorhergehenden Bindung. Jede dritte Stufe eines jeden neu in Erscheinung tretenden neuralen Schaltkreises umfasst eine neue, komplexere Verknüpfung. Das Aktivieren des fünften Schaltkreises – dem ersten nach-larvalen – ist ein Ereignis von grosser psychologischer Bedeutung und Offenbarung. Die umbilikalen Prägungen werden rückgängig gemacht. Eine neue Wirklichkeit wird erfahren – eine erweiterte Perspektive erlebt, in der bisherige geprägte Überlebensrealitäten als Roboterbruchstücke gesehen werden, die fortan weder einschränken noch binden. Diese Erfahrung ist in zahlreichen Berichten von Mystikern, Dichtern, Psychedelika-Adepten, Okkultisten und Drogenkonsumenten in der Sprache larvaler Kulturen – durchaus vage und subjektiv – beschrieben worden.

Die Grundfakten sind:

1. dass es ausserhalb der gesellschaftlich konditionierten Realität noch andere Ebenen der Wirklichkeit gibt,
2. dass diese Erfahrungen messbare, voraussagbare neurologische Ereignisse darstellen und
3. dass sie am besten als Begriffe der Biochemie-Neurotransmitter verstanden und klassifiziert werden können, welche diese Erfahrungen und die von ihnen aktivierten Schaltkreise des Nervensystems herbeigeführt haben.

Während zahlreiche Systeme zur Klassifizierung transzendentaler Erfahrungen vorhanden sind, zeigt die Exo-Psychologie drei nach-larvale Stufen der Bewusstseinsintelligenz auf, die von anatomischen Strukturen bestimmt werden (Schaltkreis 8 ist metaphysiologisch).

5. **Neurosomatische Bewusstseinsintelligenz:** Körper-Wirklichkeit. Empfang, Integration und Übertragung sinnlich-somatischer Signale,
6. **Neurophysische Bewusstseinsintelligenz:** Sie befindet sich in der Hirnrinde und vermittelt die Wirklichkeit – die Realität – des Gehirns, elektromagnetische Signale,
7. **Neurogenetische Bewusstseinsintelligenz:** Senden/Empfangen von **DNS**-Signalen via **RNS**.

Die drei Schaltkreise können nicht nur mittels Begriffen der Neuroanatomie und durch den phänomenologischen Gehalt erfahrener Signaleinheiten definiert werden, sondern auch durch die Neurotransmitter, welche sie aktiviert haben.

Larvale Psychologen sind nicht fähig, die Natur oder den Zweck der drei exo-psychologischen Stufen der Bewusstseinsintelligenz zu erklären, weil dieselben irrelevant, verwirrend sind und für die Fortdauer irdischer Existenz eine Gefahr bedeuten. Sie werden daher mit Ausdrücken wie Halluzinationen, Täuschungen, psychotische Zustände, Traumzustände umschrieben –, die nichts anderes bedeuten, als dass sie der normalen, domestizierten Tunnelrealität gegenüber fremd erscheinen. Die von transzendentalen Bewusstseinszuständen verursachte Verwirrung und Angst ist möglicherweise dem Umstand zuzuschreiben, dass sie **für eine nach-irdische Existenz bestimmt sind.**

Neurosomatische Wirkstoffe (z. B. Cannabis) und neuroelektrische Wirkstoffe (psychedelische Indole und Alkaloide) sind in der Vergangenheit von Schamanen und Alchimisten angewandt worden, die von mystischen, prophetischen ausserirdischen Erfahrungen berichtet haben. Einige Gelehrte haben versichert, dass alle kosmologischen Religionen auf Visionen beruhen würden, die von sakramentalen Neurotransmitter-Substanzen hervorgerufen worden seien. Die Gegner psychoaktiver Drogen beklagen regelrecht, dass letztere »ausserirdische« Erfahrungen bewirken würden, die irrelevant oder für das irdische Überleben gar gefährlich wären.

Diese Neuro-Wirkstoffe sind von der larvalen Gesellschaft konsequent unterdrückt worden, da sie durch das Aufheben larvaler Prägungen die Menschen von den konventionellen Inselrealitäten befreien und neurosomatische, neurophysische und neurogenetische Perspektiven eröffnen, die fremd und beunruhigend erscheinen. In der Vergangenheit war der Gebrauch von Neuro-Wirkstoffen intellektuellen Eliten und mystischen Geheimkulten vorbehalten.

Es wäre logisch vorauszusetzen, dass eine Raupen-Gesellschaft durch das Einführen von Substanzen beunruhigt würde, die bei erdgebundenen Kreaturen vorzeitig eine Schmetterlings-Bewusstseinsintelligenz anspornen und aktivieren könnten. Der ordentliche Ablauf der Metamorphose würde auf den Kopf gestellt, und das Überleben der Spezies wäre bedroht, falls ein beachtenswerter Prozentsatz Raupen allerorts prophetische Visionen eines flitterhaft-geflügelten Daseins herumerzählen würde.

Seit 1945 sind Nervensystem und **DNS** der Menschen drei mächtigen mutationsbewirkenden Stimuli ausgesetzt, die für die Spezies neu sind:

Radioaktivität aufgrund von Röntgenstrahlen und nuklearen Explosionen;
von der Technik hervorgebrachte elektromagnetische und elektronische Strahlungen;
neurosomatisch und neurophysisch wirksame Drogen, Zusätze und künstliche Stoffe in der Ernährung, chemische Verunreinigungen der Atmosphäre.

Die Exo-Psychologie besagt, dass der nicht zu umgehende Einfluss dieser mächtigen elektrochemischen Energien einen **erwarteten** Mutationsprozess in Gang gesetzt hat – dass die **DNS** als Reaktion das Nervensystem der nach 1945 Geborenen darauf signalisiert hat, dass die Zeit zur Mutation gekommen ist. Es ist an der Zeit, mit der Auswanderung von diesem Planeten zu beginnen.

Es besteht kein Grund zur Mutmassung, dass Fernsehen, atomare Spaltung und Verschmelzung, neurosomatische und neuroelektrische Drogen von der **DNS** nicht erwartet worden oder für diesen Planeten ungewöhnlich seien. Man nimmt an, dass die Erschaffung einer sauerstoffhaltigen Atmosphäre durch die uranfängliche Vegetation – und dadurch das Auslösen des **DNS**-vorprogrammierten Baus von Kiemen und Lungen – als Standardsequenz in der Evolution eines jeden bewohnten Planeten auftritt. Ferner wird angenommen, dass Elektronik, atomare Spaltung, synthetische chemische Wirkstoffe und neuroaktive Drogen von der **DNS** erwartete Energieumwandlungen sind, die als auslösende Mechanismen zur Aktivierung der nächsten Mutation dienen. Milliarden gleicher Planeten haben Hiroshima, die Drogenkulte der Jugend und »Prime-Time«-TV durchlitten. Die Metamorphose ist für den einzelnen, der sie erlebt, überraschend, nicht aber für die **DNS**.

Die Egozentrik larvaler Philosophen führt unvermeidlich zu Frustration und Schuld. »Menschen«, die glauben, dass nur sie allein die Natur kontrollieren und beherrschen würden, fühlen sich verantwortlich und sind reuevoll, wenn sich die Ereignisse als nachteilig herausstellen. Überbevölkerung und Umweltverschmutzung beispielsweise sind in einem neuen larvalen Überlebens-Moralismus zu »Sünden« geworden.

Neurogenetik und Exo-Psychologie andererseits lehren ein bescheidenes, optimistisches Vertrauen in die Intelligenz der **DNS**. Der genetische Code weiss, was SiEr tut. Neuroaktive Drogen treten genau dann in Erscheinung, wenn sie von der **DNS** benötigt werden. Der mehrere Milliarden Jahre umfassende interstellare **DNS**-Plan wird sich weder überraschen noch blockieren lassen: weder vom Smog über Los Angeles noch von *Acid-rock,* Malthusianischer Inflation oder Strahlenaustritt.

Untergangs-Szenarios und Spenglersche Schriften sind larvale Ängste vor der eigenen Sterblichkeit. Eschatologische Phantasien des Menopausierenden. Wir erinnern daran, dass »jedermann« wähnte, die Erde würde im Jahre 1000 nach Chr. untergehen. Wie anmassend von »ihm« (dem Menschen), sich darum zu sorgen, dass »er« alles – Gutes und Schlechtes – tun könne, um sich in einen mehrere Milliarden Jahren alten Evolutionsprozess einzumischen, der sich zu derselben Zeit, auf dieselbe Weise, auf Millionen gleichartiger Planeten innerhalb der Galaxis entfaltet.*

Jede neue vom »Menschen« entdeckte Energieebene – chemischer, elektronischer, nuklearer Art – überrascht, erschreckt, verwirrt den geprägten Mind. Für die **DNS** bedeutet das Erscheinen neuer chemischer Wirkstoffe oder elektromagnetischer Stimuli ganz einfach ein Signal dafür, dass eine weitere, fortgeschrittenere Phase der Evolution ihren Anfang nimmt.

Der weitverbreitete Gebrauch neuro-aktiver Drogen mag ein Zeichen für das Erscheinen einer neuen Bewusstseinsintelligenzstufe sein. Neurosomatische Drogen lockern jene synaptischen Verbindungen, welche die larvale Realität bestimmen, und erweitern und verstärken auf spektakuläre Weise die sinnlich-somatische Erkenntnis. Cannabis verringert gefühlsmässige, geistige und gesellschaftsbedingte Aktivitäten und bewirkt einen losgelösten, amüsierten Hedonismus, eine erhöhte Sensitivität gegenüber roher, direkter Sinnlichkeit.

Cannabis ist ein neurosomatischer »Auslöser«, der einen neuen neuralen Schaltkreis aktiviert. Es ist kein Zufall, dass **Cannabis** zum Kultursymbol für die erste Generation der massentechnologischen Gesellschaft wird.

Die Entdeckung des Körpers, die Erforschung des Körpers, die Ästhetisierung des Körpers ist der erste Schritt zur Befreiung des Nervensystems von den larvalen »Rettungsankern«; hin zur Erde – und eine Vorbereitung auf die Null-Gravitation.

---

* Genau in diesem Moment befinden sich auf anderen Planeten zweifellos mehrere tausend Philosophen im Gefängnis und tippen auf ihrer Schreibmaschine exo-psychologische Texte. Und Millionen Leser wie Sie fragen sich unsicher, ob es auf anderen Planeten wirklich Millionen anderer Leser gibt – etwas verwirrt von der Möglichkeit, dass sich die Evolution gleichartig über die Galaxis erstreckt und dass das »Heute« schon millionenfach stattgefunden hat.

Stufe 13: Neurosomatische Empfänglichkeit

Die erste nach-larvale Stufe, der von den neuro-umbilikalen Prägungen befreite Körper, ist für eine Existenz in der Null-Gravitation bereit. Dies stellt eine Wiederholung der Stufe 1 dar, wo der/das Neugeborene unmittelbar nach der Geburt noch ohne neurale Verknüpfungen zu seiner Umgebung ist.

Auf Stufe 13 ist der Körper zeitweise von äusserlich geprägten Verbindungen losgelöst und wird zu einem Null-Gravitations-Instrument. Dieser Zustand wird als »high«-Sein bezeichnet. Die erste Reaktion auf einen neuen neuralen Schaltkreis ist forschender Art. Aufnahme; passive Empfänglichkeit gegenüber den neuen Signalen. Der Körper wird zum Quell der Freude. Es findet die Selbstidentifikation des Menschen als eines hedonistischen Konsumenten statt.

Die **Haltung** ist jene der dahintreibenden Selbstbezogenheit. Warum sollte man sich um äusserliche materielle »Belohnungen« bemühen (gefühlsmässig, geistig, gesellschaftlich), die plumpe, künstliche symbolische Auslöser sinnlich-somatisch-endokriner Erfahrungen sind? Die äusserlichen Belohnungs-Auslöser können durch die Einnahme von neurochemischen Wirkstoffen ersetzt werden. Nachdem der Erwachsene die vier larvalen Überlebens-Skalen gemeistert hat, können die Roboterbeigaben zur materialistischen Welt »hinausgeschmissen« werden. Der »High«-Körper ist natürlicher Art – die »normale« Symbolrealität wird als larvale Krücke betrachtet.

Es gibt vier antimaterialistische neurosomatische Offenbarungen, deren der intelligente Drogenkonsument gewahr wird – vegetativ, gefühlsmässig, geistig und gesellschaftlich.

1. Warum auf materialistische Stimuli in bezug auf vegetatives Wohlgefühl bauen, wenn eine Droge zelluläre Befriedigung auslösen und Schmerz ausschalten kann?

2. Warum schwitzen und sich um materialistisch-muskuläre »Belohnungen« mühen, die eine gefühlsbedingte Befriedigung gewähren – der Cadillac, ein Titel, das Haus auf dem Hügel –, wenn eine Droge den neuralen Zustand der Freiheit aktivieren kann? Einsteinsche Beweglichkeit tritt an die Stelle des Newtonschen Drängens.

3. Warum weiterhin Symbolabfolgen oder Produktionsprozesse künstlicher Erzeugnisse wiederholen, warum mit stereotyper, geistig roboterhafter Routine weiterfahren, wenn eine Droge den Geist befreien kann, um neue Verbindungen aufzunehmen und frische schöpferische Lösungen zu treffen? Warum eine maschinenmässige Fliessbandspule sein, wenn der freie, entspannt dahintreibende Geist Symbole im Rhythmus und in der Reihenfolge des Natürlichen biegen, krümmen und gleiten lassen kann? Warum arbeiten, wenn das Universum ein spielerisches Energiefeld ist?

4. Und warum, um der kurzen Freude des genitalen Orgasmus willen, sich selbst zu einem Dasein domestizierter Sklaverei verurteilen, wenn eine neurosomatische Droge ein direktes, unverhülltes Empfindungsvermögen hervorrufen kann, bei dem uns jede Berührung, jeder Geschmack und Geruch, jeder Anblick und jedes Geräusch in körperlichem Entzücken explodieren lässt?

Neuroaktive Drogen sind seit dem Anfang der Geschichte von jenen verwendet worden, die zu den inneren Freuden des Sinnlich-Somatischen zu »entfliehen« suchten.

Wovor flüchtet der Cannabis-Konsument? Die moralische Antwort lautet: vor der gesellschaftlichen Verantwortung. Die neurologische Antwort besagt: vor der Tunnel-Realität der vier künstlichen Prägungen.

Die erste nach-larvale Stufe (13) ist kindische Genusssucht; eine neue Ego-Identität etabliert sich. Die Hippie-Bewegung. Der passive Hedonist. Moralisten beschweren sich, dass die Jugendkultur kindisch sei. Genau – ziellos und unproduktiv wie ein Säugling. Die erste nach-larvale Generation (jene, die zwischen 1945 und 1970 geboren sind) war natürlich der ganzen Wucht der Mutationsverwirrung ausgesetzt. Man kann sich vorstellen, dass die erste Generation von Amphibien auf dieselbe Weise missverstanden worden ist – als verrückte, faulenzende, durcheinandergeratene Kinder, die am Strand herumlagen, sich passiv des hellen Sonnenscheins erfreuten und Sauerstoff einatmeten.

Den späteren nach-larvalen Generationen wird durch die Erfahrungen und das Mitgefühl der vorherigen Generation geholfen werden.*

---

* Zeitprojektionen – vorwärts- und rückwärts gerichtete – sind immer spannend. Wenn wir damals gewusst hätten... wäre dann Hiroshima vermeidbar gewesen? Falls dieses Buch und die darin enthaltenen neurogenetischen Prinzipien in den 60er Jahren greifbar gewesen wären, so hätte viel Verwirrung vermieden werden können. Eine müssige Spekulation. Die **DNS** erwartet, dass die erste Reaktion auf eine neue Energie genusssüchtig und verworren sein wird.

Stufe 13 Fische II
Neurosomatische Empfänglichkeit
(high sein)

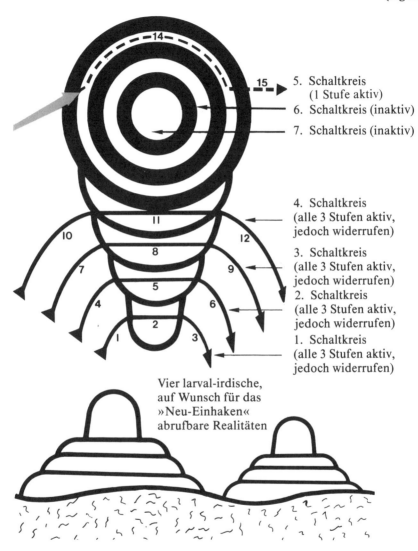

Stufe 13 wird dann aktiviert, wenn die Mutation von der larval-irdischen zur ausserirdischen Neurologie stattfindet. Die vier larvalen Prägungsstrukturen werden widerrufen, und der Körper funktioniert als poly-sensorisches Zeitschiff. Stammesgeschichtlich gilt diese Stufe als die 1. nach-irdische. Während jeder Nach-Irdische diese Stufe durchläuft, wird jener Mensch, dessen genetische »Leitungen« darauf eingestellt sind, diese Rolle zu übernehmen, als Fische II bezeichnet: der hedonistische Konsument.

Stufe 14: Neurosomatische Intelligenz

Der empfangenden Stufe eines Mutationsfortschritts folgt eine integrierende Stufe. Gerade so, wie die endomorphe Bio-Überlebens-Prägung (Stufe 1) von einer auf die inneren Organe bezogenen Konditionierung gefolgt wird – diskriminierend und selektiv (Stufe 2) –, so gliedert und überwacht die Stufe 14 das neurosomatische Signalangebot von Stufe 13.

Auf Stufe 13 sind die neuralen Leitungen zum umbilikalen Äussern widerrufen. Die sinnlich-körperlichen Signale werden empfangen. Der Sinnes-Konsumismus tritt in Erscheinung.

Das Gehirn des Körpers beginnt alsdann zu selektieren, sich zu erinnern, in Zusammenhang zu bringen und die körperlich-sinnliche Funktion zu überwachen; Stufe 14.

Die vorausgehende Stufe (13) wird durch den passiven dahintreibenden Hippie verkörpert; Stufe 14 durch den disziplinierten Yogi, Reformkost-Eingeweihten und Körper-Magier, der eine präzise Kontrollfähigkeit erlangt und seinen Körper als Zeitschiff zu gebrauchen lernt.

Die erste nach-larvale Generation glaubte naiverweise, dass das »antörnen« ein Endpunkt sei. Fühl-dich-wohl-Konsumismus. Ein geringer Prozentsatz war aufgeklärt genug, die Handhabung der Sinnlichkeit zu studieren und zu beherrschen, die unbegrenzte innere Geographie der Neurophysiologie zu skizzieren und zu lenken.

Das vage theosophische Klischee vom »Hineinschauen« bekommt nun eine spezifisch anatomische Bedeutung. »Hineinschauen« meint in den Körper hineinsehen, Herrschaft über das autonome Nervensystem, über körperliche Reaktionen, die für den Larvalen unfreiwillig und unbewusst verlaufen.

Stufe 14 Widder II
Neurosomatische Intelligenz

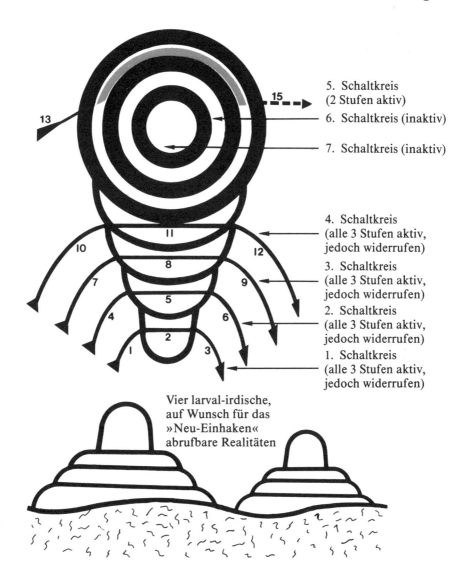

Stufe 14 wird dann aktiviert, wenn das fünfte Gehirn neurosomatische Signale zu überwachen, integrieren, organisieren und sich in Erinnerung zu rufen und den poly-sensorischen, gravitationsfreien Körper zu manipulieren lernt. Stammesgeschichtlich stellt diese Stufe das fünfte Gehirn dar. Während jeder Nachirdische diese Stufe durchläuft, wird jener Mensch, dessen genetische »Leitungen« darauf eingestellt sind, diese Rolle zu übernehmen, als Widder II bezeichnet; der Yogi, das Körperbewusstsein.

Stufe 15: Neurosomatische Fusion

Nach der Aufnahme und Integration folgt die Fusion der neuen Energie mit Andern, um zu einer gesellschaftlichen Verknüpfung zu gelangen. Synergie.

Neurale Schaltkreise sind dazu bestimmt, zu übermitteln, in Verbindung zu treten, einzuhaken. Die Verknüpfung – poetisch als Ehe oder Liebe bezeichnet – ist keine zufällige Entwicklung; sie findet sich im **DNS**-Plan eingebaut. Fusion und wechselseitiger Austausch erbringen eine Struktur, die zu erhöhter Bewusstseinsintelligenz fähig ist. Zwei Köpfe sind besser als einer – falls sie auf derselben Frequenz senden und empfangen.

Unsere Sprache besitzt für diese Kommunikation zwischen zwei oder mehreren, auf demselben neurosomatischen Kanal »arbeitenden« Personen – die frei von symbolisch-materiellen Prägungen sind – keinen wissenschaftlichen Ausdruck. Sie ist als Ausser-Symbolische-Wahrnehmung (ASW) bezeichnet worden. Spirituelle Gemeinschaft. **Agape.** Tantra.

Das neurologische Erwachen der sechziger Jahre resultierte in einer weitverbreiteten, als Bewusstseinsbewegung bezeichneten Faszination für Persönlichkeitswachstum und Selbstentwicklung. Die allgemeine Rückzugstendenz gegenüber blinden politischen Karriereaktivitäten, der Skeptizismus und die Herausforderung in Anbetracht von Klischee-Dogmen, die neue Betonung persönlicher Werte – im Gegensatz zu öffentlichen Werten – haben einige Gesellschaftskritiker wie Thomas Wolfe zu der Frage geführt, ob die »Ich«-Generation eine Rückkehr zur Eisenhower-Apathie der fünfziger Jahre bedeutet.

Die in diesem Buch dargelegten Mutationsstufen machen geltend, dass es in der Natur keine »Rückkehr« gibt, sondern eher auf höheren Energieebenen verlaufende Zyklen, die folgendes umfassen:

> Empfang
> Integration
> Übermittlungs-Verbindung

Stufe 13 (hedonistische Konsumenten) führt zu Stufe 14 (hedonistische Selbstverwirklicher). Und Stufe 14 führt ihrerseits auf Stufe 15 – wo die Bildung neurosomatischer Gruppen stattfindet. Die zahlreichen in den siebziger Jahren aufblühenden Kulte, Sekten und Bewusstseinsbewegungen sind Beispiele für Verbindungen von Stufe 15.

Die »Apathie« der Generation nach den sechziger Jahren ist irreführend. Die Jugend engagiert sich heutzutage sehr stark für das innerlich-somatische Experiment und ist für die Verpflichtung gegenüber althergebrachter Politik, gesellschaftlichen oder religiösen Doktrinen alles andere als begeistert. Einer der interessantesten (und voraussagbaren) Aspekte gegenwärtiger (1976) Neurosoziologie ist die auf Elektrizität beruhende Entgegennahme von S.M.I^2.L.E.-Gedanken durch jene, die eine gewisse Stufe der »Selbstverwirklichung und Sinnesbeherrschung« erreicht haben; Leute, die darauf warten, mit Kollektiven zusammenzuspannen, die den nächsten Evolutionsschritt ermöglichen werden.

Stufe 15 Stier II
Neurosomatische Fusion

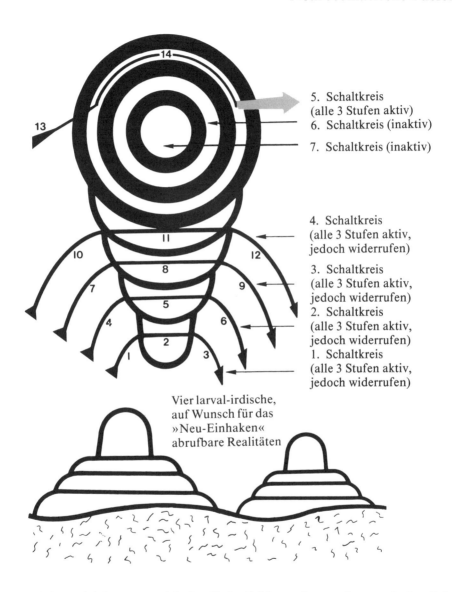

Stufe 15 wird dann aktiviert, wenn sich das fünfte Gehirn anderen poly-sensorischen Zeitschiffen einhakt und eine neurosomatische Fusion eingeht. Stammesgeschichtlich stellt diese Stufe die erste direkte Energiekommunikation zwischen Menschen dar. Während jeder Nach-Larvale dazu bestimmt ist, diese Stufe zu durchlaufen, werden jene, deren genetische »Leitungen« darauf eingestellt sind, diese Rolle zu übernehmen, als Stier II bezeichnet: die tantrische Fusion.

Stufe 16: Neuroelektrische Empfänglichkeit

Der sechste Schaltkreis tritt in Erscheinung, wenn das Nervensystem seine eigene Funktion als bioelektrischen Sender/Empfänger zu verstehen und zu beherrschen anfängt.

Zum Vergleich: Sobald der fünfte Schaltkreis aktiviert ist, beginnt das Nervensystem sein körperliches Vehikel, das ohne irdisch-lokale Bindungen frei umhergleitet, zu verstehen und unter Kontrolle zu halten.

Wenn der sechste Schaltkreis aktiviert ist, real-isiert das Nervensystem, dass es einen Sender/Empfänger für bioelektrische Frequenzen darstellt. Wir sprechen hier von dem, was poetisch als »sechster Sinn« bezeichnet worden ist. Die von gewissen frühreifen Larvalen offenbarte Fähigkeit, Botschaften aufzunehmen, die aus einem Bereich ausserhalb des Audio-Visuell-Greifbar-Chemischen des neurosomatischen Schaltkreises stammen.

Die Fähigkeit zur Telepathie ist nichts Ungewöhnliches. Ein überraschend hoher Prozentsatz von Larvalen wird vertrauensvoll berichten, dass sie Vorahnungen oder von fern empfangene Erlebnisse erfahren haben. Derartige Episoden sind dem Larvalen unheimlich – von Tabus verhüllt. Die katholische Kirche hat »psychische« Phänomene dieser Art traditionell als sündig und teuflisch erachtet. Angesehene Wissenschafter vermeiden zimperlich jede Diskussion oder Überprüfung des weitverbreiteten Beweismaterials für das Vorhandensein des »sechsten Sinns«.

Es ist allgemein bekannt, dass Lebewesen niederer Spezies elektromagnetische und schwerkraftbezogene Signale empfangen und aussenden können. Die Nist-Wander-Fähigkeiten der Vögel beruhen auf deren getreuem Empfang von Elektro-Gravitationsenergien. Die Bio-Rhythmen sämtlicher Spezies scheinen durch elektromagnetische Botschaften aktiviert zu werden. Obwohl es offensichtlich ist, dass alle Nervensysteme eine Funktion als elektromagnetische Sender/Empfänger innehaben, hat man den damit verbundenen Folgen für die menschliche Psychologie keine Beachtung geschenkt.

Dieses abergläubische Meiden einer starken menschlichen Fähigkeit ist genetisch begründet. Die meisten menschlichen Tabus und bizarren Moralordnungen gründen auf neurologischer oder genetischer Einsicht. Gerade so, wie neurosomatische (hedonistische) Prägungen widerrufende Drogen auf eine larvale Gesellschaft beunruhigend wirken, so sind neurophysikalische Erfahrungen aufwühlend und in bezug auf das Überleben verwirrend. Der vier-hirnige Gesellschaftsroboter ist dazu bestimmt, ihr/sein Blickfeld auf die unmittelbare Umgebung zu beschränken. Das Insekt, das die Pfade des Ameisenhügels verlässt und mit menschlichen Wesen zu kommunizieren versucht, wird von den übrigen »Hügelbewohnern« als Gefahr empfunden.

Der bewusstseinsintelligente Gebrauch des neurophysikalischen Schaltkreises musste die Entwicklung der elektronischen und atomaren Technologie abwarten, welche die Terminologie und die entsprechenden Modelle hervorgebracht hatte. Das Nervensystem hat seit den Anfängen der biologischen Evolution als Sender/Empfänger für elektromagnetische gravitationsgebundene Signale gedient, aber erst mit Beginn der Atomtechnologie – als Vorbereitung auf die Auswanderung ins All – steht der sechste Schaltkreis für die bewusste Kommunikation zur Verfügung. Die Roboter beginnen zu lernen, wie sie sich ihrer eigenen Schaltkreise zu bedienen haben.

Stufe 16 ist die passive, ausbeutende Phase der neuroelektrischen Erfahrung. Genussüchtige Aufnahme. Man beachte, dass in den meisten Fällen der sogenannte »Sensitive« »psychische« Phänomene **empfängt**. Es gibt weniger Fälle, bei denen Personen zu **Sendern** für neurophysikalische Signale werden. Dies zeigt, wie die empfangende Phase des neuen Schaltkreises in den Kinderschuhen steckt.

Ein anderes Beispiel neurophysikalischer Empfänglichkeit stammt aus dem Bereich der Radioastronomie. Grosse, elektromagnetische Signale empfangende »Scheiben« durchfliegen den Himmel. Eine geringere Menge Energie ist dazu bestimmt, Botschaften mit dem Ziel einer bewussten Kommunikation ins All zu entsenden. Hier widerspiegelt sich die instinktive Erkenntnis, dass die Menschheit eine unreife Spezies darstellt, die passiv darauf wartet, kontaktiert zu werden. Dieselbe Wahrheit betrifft das UFO-Phänomen. Meinungsumfragen zeigen, dass mehr als fünfzig Prozent der Amerikaner an die Existenz ausserirdischer Besuche glauben. Eine sehr geringe Anzahl dieser »Gläubigen« ziehen überhaupt die Möglichkeit in Betracht, dass sie selber Teil einer ausserirdischen, in der Zukunft der Menschheit liegenden Expedition sein könnten (Stufe 18).

Schaltkreis 6 wird durch neuroelektrische Drogen aktiviert. Gewisse organische, aus Mutterkorn, Kakteen und Pilzen gewonnene Wirkstoffe ermöglichen dem Nervensystem, sich seiner Rolle als Sender/Empfänger physikalischer Energien bewusst zu werden. Wir müssen in bezug auf den Zusammenhang der Ursachen genau sein. Die Drogen stimulieren die neuroelektrische Aktivität nicht. Das Gehirn **ist** ein bioelektrisches Netzwerk, das diese Signale seit zwei Milliarden Jahren sendet und empfängt. Die Drogen lösen offensichtlich sympathische Barrieren auf, die den larvalen Mind davon abhalten, sich der molekularen Transaktionen und bioelektrischen Signale bewusst zu werden, wie sie das von Moment zu Moment erbrachte Handeln des Gehirns darstellen. Eine Unzahl bewusst gewordener somatischer und physiologischer Ereignisse treten ein, sobald der seit der Geburt vorhandene neurosomatische Schaltkreis geöffnet wird. Neurosomatische Wirkstoffe verringern einfach jene synaptischen Schranken, die den symbolischen Mind des dritten Schaltkreises daran hindern, sich der unfreiwilligen Aktivität bewusst zu sein.

Auf Stufe 16 wird sich der nach-larvale Mensch der bioelektrischen Beschaffenheit seiner Gehirntätigkeit bewusst. Es ist, als würde man das schützende Gehäuse des Computers entfernen und die einzelnen Operationen der Schaltkreisanlage vor den Blicken freilegen – eine Entdeckung, die den Piloten einer computergesteuerten Maschine verwirren würde. Der Pilot wünscht lediglich die Messdaten für seine Flugrichtung in Händen zu halten, während der Larvale nicht zu wissen begehrt, dass sein Essen aus Atomen besteht, die ihrerseits winzige, im Raum herumwirbelnde Partikeln darstellen. Er will solides Fleisch auf einem soliden Teller.

Die Wirklichkeit interstellarer Existenz ist dennoch sehr unterschiedlich. Die elektromagnetisch-gravitationsbezogenen Prozesse sind das Fleisch und die Kartoffeln galaktischen Lebens. Die schwingende Sender/Empfänger-Beschaffenheit des Gehirns – die dem Larvalen nichts nützt – ist im Weltraum äusserst brauchbar. Telepathie; Gehirncomputer-Verknüpfungen; Gehirn-Radiowellen-Verbindungen; kybernetisch-organisatorische Symbiose.

Ausserirdische Ereignisse werden in Begriffen der Lichtgeschwindigkeit gemessen. Die ausserirdische Kommunikation umfasst keine schriftlichen laryngo-manuellen Symbole oder auf der Basis von Schallwellenfrequenzen vokalisierte Worte, sondern das breite Spektrum elektronischer Signale.

Die Karikatur der Stufe 16-Persönlichkeit ist der mit verschwommenen Augen herumziehende LSD-Freak und sein Ausruf »Mensch – alles ist Schwingung!« Wir rufen die Klischee-Vorstellung eines LSD-Freaks in Erinnerung, wie er auf das vor ihm stehende Pult schaut und aufschreit: »Mensch – ein Bleistift!« Es ist leicht, einen gefährdeten und verletzbaren Mutanten dieser Art lächerlich zu machen und verächtlich die Nase über LSD-Verwirrungen zu rümpfen. In der Tat vollführt der unglückliche LSD-Freak eine erkenntnistheoretische Grosstat, auf die er recht unvorbereitet ist und der gegenüber sich die larvale Kultur blödsinnig teilnahmslos zeigt. Wenn er sagt: »Mensch – ein Bleistift!«, so bezeichnet er einen wirbelnden Schwarm Elektronen mit dem korrekten Namen! Er löst eine intellektuelle Einsteinsche Aufgabe.

Die erstaunliche geistige Brutalität und die unwissende Vulgarität der Nixon-Aera machte das Schädigen und Tyrannisieren von LSD-Konsumenten chic und wirksam. Letztere übten – schlecht vorbereitet und ungeschult – eine wagemutige genetische Funktion aus, indem sie als erste Menschen das Gehirn absichtlich als Radio-Sender/Empfänger einsetzten, um die grundlegend elektronische Natur sowohl des Gehirns als auch des von ihm »bewohnten« Universums zu erfahren.

Bereits verderbte Stufe-16-Psychedeliker fallen in die vorwissenschaftliche Ontologie des Hinduismus zurück: »Alles ist Maya (Illusion)« oder »Alles ist Lila (Energiespiel)«. Hinduismus ist eine passiv-empfangende Philosophie, in ihrer Ontologie und neurogenetischen Kosmologie grundlegend korrekt, jedoch anti-intellektuell und vorwissenschaftlich.

Der Buddhismus, eine elegantere Doktrin des Quietismus, anerkennt ebenfalls die von Schwingungen bestimmte Natur der »Realität«, befürwortet jedoch eine ästhetische Hier- und-Jetzt-Passivität und Teilnahmslosigkeit. Die Bücher von Carlos Castaneda stellen eine dem Peyote-Kult verpflichtete Version der neuroelektrischen Erfahrung vor: »voneinander getrennte Realitäten«. Da sich der ungeschulte Yaqui-Indianer Don Juan in der Physik nicht auskennt, verwendet er das Vokabular magischer Kraft, um Erfahrungen zu beschreiben, die unmissverständlich neuroelektrischer Art sind.

Stufe 16 ist, wie alle empfangenden Stufen, erforschend und kindisch passiv. Der glotzäugige LSD-Freak stellt eine vorübergehende evolutionäre Form dar. Neuroelektrische Drogen wie LSD sind nicht für ein irdisches Leben bestimmt und werden von larvalen Moralisten zu Recht als gefährlich erachtet. Der sechste Schaltkreis ist für das ausserirdische Leben bestimmt – und dessen gegenwärtige Aktivierung durch Drogen findet als Vorbereitung auf eine Auswanderung statt. Neurophysikalische Drogen **können** von Neurologen zur »Behandlung« untauglicher Kindheitsprägungen angewandt werden. Im Verlauf einer Behandlung oder eines auf interstellare Flüge vorbereitenden Trainings verwendete Drogen vom Typ LSD müssen von kenntnisreichen Sachverständigen verabreicht werden, welche die Prinzipien des Neu-Prägens begreifen und über eine auf Erfahrung beruhende Beherrschung ihres eigenen Nervensystems verfügen. Hedonistische LSD-»Parties« sind ein gefährliches Spiel. Es stimmt, dass die Ekstase der direkten Schwingungsrealität äusserst intensiv verläuft und die Wonnen larvaler Belohnungen und materialistischer Freuden weit hinter sich lässt; es trifft auch zu, dass ontologische Offenbarungen das Erleben elementarer Einsteinscher Realität ermöglichen (von der die Prägungen statische, verblasste Kopien sind). Wie dem auch sei: die physikalische Wirklichkeit stellt für die offene irdische Darlegung eine zu explosive Erfahrung dar. **Das Gehirn ist ein ausserirdisches Organ.** Das Gehirn ist eine fremde Intelligenz. Das Gehirn hat für die irdischen Angelegenheiten keine grössere Bedeutung als die/der kultivierte sympathische Reisende für die Eingeborenen jenes Dorfes, in dem SiEr die Nacht verbringt.

Die Entdeckung, dass das Gehirn – das man naiverweise als persönliches Egowerkzeug erachtet hat – in der Tat eine fremde Präsenz darstellt (die den von ihr bewohnten Körper etwa nach der Art eines eleganten Aristokraten beurteilt, der sein ästhetisches Auge auf einen unwissenden, groben, unerzogenen, starrsinnigen und jähzornigen ländlichen Gastwirt wirft), ist für den unvorbereiteten LSD-Konsumenten schockierend und kann zu Wahnsinnszuständen der Scham und Demütigung führen. Der sogenannte »schlechte Trip« ist oft nichts anderes als das »Ego«, das sich selbst durch die klare Optik der eigenen höheren Intelligenz betrachtet.

Noch ein anderer LSD-Mythos kann im Lichte der Neuro-Logik verstanden werden. Es handelt sich dabei um die bereits widerlegte Legende, wonach neurophysisch wirksame Drogen bewirken können, dass Leute aus dem Fenster springen wollen. Wir sind uns natürlich im klaren, dass der Fenstersprungmythos zur sich selbst erfüllenden Prophezeiung wird. Ist das Gerücht einmal in Umlauf gesetzt, so kann die Verwundbarkeit des von Prägungen befreiten

Zustands dem Mythos zur Realität verhelfen. »Ich bin frei, eine neue Wirklichkeit zu schaffen. Was tut man im Nirwana-Zustand? Richtig, ich erinnere mich: ein Fenster finden, um hinauszuspringen. Das ist es, was *Reader's Digest* empfohlen hat.«

Hinter der suggestiven Kraft der Legende findet sich die evolutionäre Bedeutung. LSD aktiviert nach-irdische Bewusstseinsintelligenz. Die Heimat der Menschheit liegt im All. Die natürliche Atmosphäre des Menschen ist die Null-Gravitation. Wir sind dazu bestimmt, zu schweben, uns im Flug zu entwickeln, in Null-G-Freiheit umherzuschwimmen.

Der neurophysische Hedonismus bedeutet eine natürliche, jugendliche Reaktion auf die erst neulich gemachte Erfahrung. Im Verlauf seiner larvalen Existenz ist das Gehirn aus der elektromagnetischen Schwingungsrealität abgestossen und ausgeschlossen worden. Die vom dritten Schaltkreis hervorgebrachten Geräte und Maschinen brutalisieren und vergröbern das Erlebnisvermögen. Die schwerfälligen, langsamen somatischen Funktionen des fünften Schaltkreises sind Hindernisse. Die neurosomatische Erfahrung wird durch langsame, fliessende Transaktionen zellulärer Organe gefiltert.

Das Bewusstsein des sechsten Schaltkreises ist kristallklar, glänzend, reibungslos, von materiellen Trägheiten unbelastet. Begreiflich, dass es eine Zeit genusssüchtigen Spielens mit roher, direkter, leicht in Schwung bringender Energie geben muss.

Auf Stufe 16 spielt das neuroelektrische Kind mit den elektromagnetischen Signalen. Die nächste Stufe bildet die intelligente Integration und Umformung der neuen Energiemodelle.

Stufe 16 Zwillinge II
Neuroelektrische Empfänglichkeit

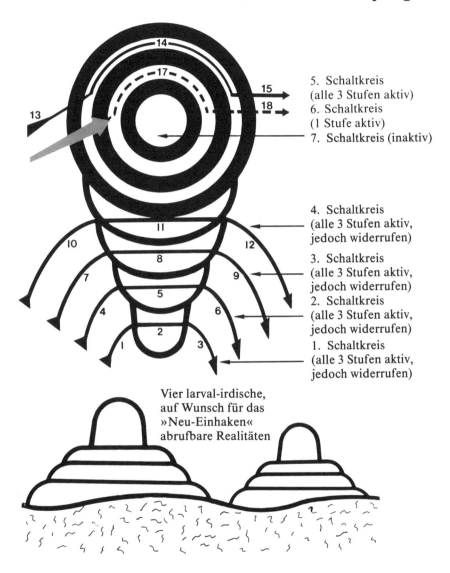

Stufe 16 ist die erste, ausbeuterische »Fährte« des neuroelektrischen Schaltkreises. Das vom Körper und den vier irdischen Prägungen befreite Gehirn funktioniert als Neurocomputer. Neuroelektrische Passivität. Einsteinsches Bewusstsein. Selbstbestimmung als bioelektrischer Computer, genussüchtige Verwendung der Elektronik, während jeder nach-menschlich Irdische dazu bestimmt ist, diese Stufe zu durchlaufen, wird jener Mensch, dessen genetische »Leitungen« darauf eingestellt sind, diese Rolle zu übernehmen, als Zwillinge II bezeichnet.

Stufe 17: Neuroelektrische Intelligenz

Die Passivität der empfangenden Stufe, die darauf wartet, das »Aufgetischte« entgegenzunehmen wird verwirrend und frustrierend. Möglicherweise wird man neugierig auf den Mechanismus und die gesetzmässige Bedeutung des Phänomens. Die neuroelektrische Intelligenz wird selektiv, experimentierend, sich erinnernd. Man lernt aus den passiven Erfahrungen, lernt die miteinbezogenen Energien überwachen und leiten.

Dieses Buch – und insbesondere dieser Teil davon – ist eine noch unfertige Symbolisierung neuroelektrischer Vorgänge. Ein Handbuch zum Gebrauch jenes elektronischen Senders/ Empfängers, den wir als Gehirn bezeichnen.

Unsere derzeitigen Fähigkeiten über neurophysikalische Energien »nachzudenken« (d. h. L.M.-Symbole mit atomaren Vorgängen in Verbindung zu bringen) ist auf zwei jüngst vollzogene wissenschaftliche Fortschritte zurückzuführen: auf die theoretischen Modelle und Formeln der Atomphysik und die Erfahrungsberichte jener, deren sechster Schaltkreis durch Neurotransmitter-Drogen aktiviert worden ist.

Wir haben gesehen, dass jeder neu sich entfaltende Schaltkreis des Nervensystems die vorausgehenden einschliesst und untereinander verbindet. Der sechste Schaltkreis ist der zentrale Biocomputer; er nimmt von den andern fünf Schaltkreisen (und, wie wir sehen werden, von der **RNS-DNS**) Signale entgegen. Diese erreichen das Gehirn als elektrochemische Signale, ungeachtet ihrer ursprünglichen Sinneslokalisierung. Das Gehirn des sechsten Schaltkreises empfängt – ebenfalls in Form von ein- und ausschaltbaren Signalen – auch Signale molekularer Datenbanken innerhalb von Neuronen.

Im Verlauf der larvalen Existenz ist der sechste Schaltkreis hauptsächlich damit beschäftigt, den irdischen »Überlebens-Handel« der vier umbilikalen Kreisläufe zu übermitteln.

Wenn das sechste Gehirn aktiviert ist, so erfordert dies ein langes, kompliziertes und diszipliniertes Training, um eine bewusste, vervollständigte Steuerung zu schaffen.

Die Menschheit beginnt eben erst zu begreifen, dass das Gehirn ein empfangendes/sendendes Gerät darstellt, das zur Kommunikation auf der Ebene elektronischer Geschwindigkeit und Frequenz verwendet werden kann. Das sechste Gehirn kann nicht zur Funktion auf larvaler Ebene verwendet werden und ist nicht auf den Newtonschen emotionell-muskulären, manuell-geistigen oder häuslich-gesellschaftlichen Austausch von »Insel-Realitäten« herunterzuspielen.

Das Gehirn des sechsten Schaltkreises bringt seinen Gehalt am besten in einer beschützenden Umgebung zum Ausdruck, die Einsteinscher Geschwindigkeit und Relativität entspricht – oder wo zumindest die andern Anwesenden davon absehen, der Transzeption larvale Signale aufzudrängen.

Stufe 17 Krebs II
Neuroelektrische Intelligenz

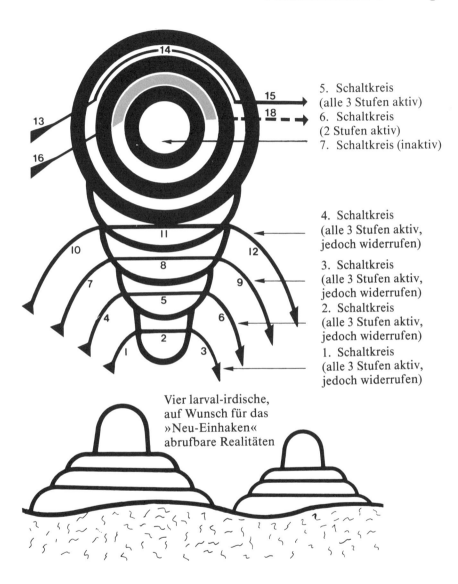

Stufe 17 wird aktiviert, wenn das sechste Gehirn – unbelastet durch die Einschränkungen somatischer oder larvaler überlebensbezogener Prägungen – neuroelektrische Signale zu überwachen, integrieren und organisieren sowie die Neuroelektrizität des Gehirns zu manipulieren lernt. Während jeder nach-irdische Mensch diese Stufe durchlaufen muss, wird jener, dessen genetische »Leitungen« darauf eingestellt sind, diese Rolle zu übernehmen, als Krebs II bezeichnet.

Stufe 18: Neuroelektrische Fusion

Neuroelektrische Fusion: die synergistische Kommunikation zwischen zwei oder mehr auf dem sechsten Schaltkreis arbeitenden Bewusstseinsintelligenzen. Telepathie.

Die höchste, schnellste und komplexeste Form menschlicher Kommunikation; das Senden/Empfangen von zwei oder mehr Nervensystemen auf der Ebene elektromagnetischer Geschwindigkeit.

Die Fähigkeit des menschlichen Gehirns, elektromagnetische Signale auszutauschen, ist bis anhin unentdeckt geblieben. Es ist möglich, dass das Gehirn zur Entzifferung von Signalen bestimmt ist, für deren Empfang unsere elektronischen Geräte zu unempfindlich sind. Vielleicht macht es die Entwicklung neurophysikalischer Bewusstseinsintelligenz möglich, Sende/Empfangs-Geräte zu entwerfen, die den Empfang komplizierter Botschaften erlauben, welche nur einem Bio-Instrumentarium entspringen können.

Die Menschen haben Maschinen zur Verstärkung der Muskelkraft gebaut. Auf dieselbe Weise ermöglichen vielleicht neuroelektronische Geräte die Übertragung bewusstseinsintelligenter Botschaften über grosse Distanzen. Neurophysikalische Signale dieser Art würden nicht in Form von L.M.-Symbolen auftreten, sondern als Einheiten direkter neuraler Energie.

Es muss hier erneut klargestellt werden, dass es sich bei dem (neuroelektronischen) Schaltkreis des Gehirns nicht um ein irdisches Überlebensorgan handelt. Die Fähigkeit, auf der Ebene neuroelektrischer Feldstärke und Geschwindigkeit zu senden/empfangen, ist für eine nach-irdische Existenz bestimmt.

Es trifft zu, dass sich im Verlauf der Geschichte in jeder Generation bei gewissen frühreifen Evolutionären Anzeichen von Bewusstseinsintelligenz des sechsten Schaltkreises zeigen. Man denke an die Hellseher, die Medien, Offenbarungs-Propheten, an die grossen mystischen Philosophen – aber auch an die geisteskranken Weisen und seltsamen, überspannten Genies, die seit Jahrhunderten in Irrenhäuser verfrachtet worden sind, weil sie zu viel zu früh gesehen hatten. Weniger zivilisierte Volksstämme haben oft instinktiv begriffen, dass ungewohnte geistige Wahrnehmungen zukunftsbezogene Zeichen sind, und haben den »Frühreifen« des sechsten Schaltkreises gesellschaftlich anerkannte Rollen zugewiesen.

Während kein Zweifel darüber besteht, dass bei einigen Menschen aussergewöhnliche neurale Fähigkeiten vorhanden sind – Telepathie, ASW, Psychokinese, die Erfüllung ungewöhnlicher mathematischer und symbolischer Voraussagen –, trifft es ebenso zu, dass Leute dieser Art in der larvalen Gesellschaft keinen Platz haben. Es ist möglich, dass beispielsweise ASW einen Charakterzug des Nach-Irdischen darstellt. Jene, die mit diesen Fähigkeiten ausgestattet sind, befinden sich vielleicht in der Lage eines mit Stimmbändern versehenen Fisches oder eines mit Symbolfähigkeiten begabten Säugetiers. Hier, auf dem Boden eines viertausend Meilen tiefen atmosphärischen Sumpfes, Telepathie zu versuchen, wäre dasselbe, wie wenn man unter Wasser zu sprechen versuchte. Das Gejapse und die Blasen würden die Tatsache verhehlen, dass – nach Verlassen des Wassers – eine neue Form symbolischer Sprache zur Verfügung steht. Es ist möglich, dass sich dereinst, wenn wir von diesem Planeten ausgewandert sein werden, telepathische (neuroelektrische) Kommunikationsformen zum Allgemeingut wandeln.

Stufe 18 Löwe II
Neuroelektrische Fusion

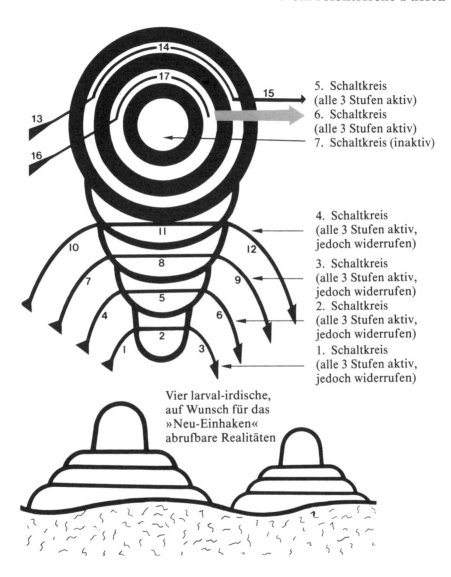

5. Schaltkreis (alle 3 Stufen aktiv)
6. Schaltkreis (alle 3 Stufen aktiv)
7. Schaltkreis (inaktiv)

4. Schaltkreis (alle 3 Stufen aktiv, jedoch widerrufen)
3. Schaltkreis (alle 3 Stufen aktiv, jedoch widerrufen)
2. Schaltkreis (alle 3 Stufen aktiv, jedoch widerrufen)
1. Schaltkreis (alle 3 Stufen aktiv, jedoch widerrufen)

Vier larval-irdische, auf Wunsch für das »Neu-Einhaken« abrufbare Realitäten

Stufe 18 wird aktiviert, wenn das sechste Gehirn bei anderen Einheiten des sechsten Gehirns einhakt und auf der Ebene neuroelektrischer Geschwindigkeiten kommuniziert. Während jeder Nach-Irdische diese Stufe durchläuft, wird jener Mensch, dessen genetische »Leitungen« darauf eingestellt sind, diese Rolle zu übernehmen, als Löwe II bezeichnet. Telepathische Verbindung.

Stufe 19: Neurogenetische Empfänglichkeit

Siebter Schaltkreis. Das Nervensystem empfängt Signale von der **DNS**.

Die **DNS** entwirft und errichtet Nervensysteme und hält eine überwachende und wiederaufbauende Verbindung mit Körperzellen und von der **RNS** übertragenen Neuronen aufrecht.

Das Nervensystem empfängt ununterbrochen **DNS**- und **RNS**-Signale. Im Innern eines jeden Neuronenkerns »lebt« ein **DNS**-Generalplan, der die Kette körperlicher Reinkarnationen gespeichert hält, die bis zum Beginn des Lebens auf diesem Planeten zurückreicht.

Die Genetiker lernen nun, wie die »Konversation« zwischen **DNS** und Körper sowie **DNS** und Nervensystem zu entziffern ist.

Wenn der siebte Schaltkreis des Nervensystems aktiviert ist, schalten sich die Signale der **DNS** ins Bewusstsein ein. Dieses Erlebnis verläuft für den Unvorbereiteten chaotisch und verwirrend – Tausende von genetischen Erinnerungen blitzen auf und offenbaren ein familiäres Bilderbuch des Speziesbewusstseins und der Evolution. Diese Erfahrung vermittelt kurze Blicke auf Beispiele des breiten, mehrere Milliarden Jahre alten genetischen Panoramas.

Neurogenetisches Bewusstsein beschränkt sich nicht auf vergangene Perspektiven. Die Entwürfe des zukünftigen **DNS**-Plans sind ebenfalls verfügbar; erhebende und ängstigende Psy-Phy-Visionen und Vorschauen auf die kommenden Per-Mutationen.

Wir haben gesehen, dass die erste Stufe jeglicher Bewusstseinsintelligenzebene empfangend und passiv-betrachtend verläuft. Neurale Unterhaltung und Entdeckung bilden somit die Funktion von Stufe 19.

Stufe 19 Jungfrau II
Neurogenetische Empfänglichkeit

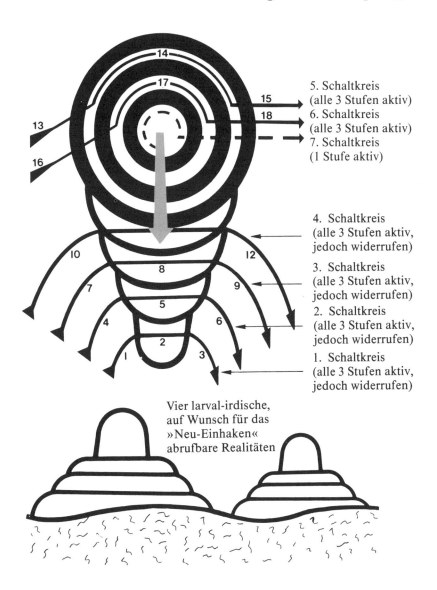

Stufe 19 wird aktiviert, wenn die Mutation auf neurogenetische Signale hin stattfindet. Das Nervensystem prägt den DNS-Code und sendet/empfängt RNS-DNS-Signale auf molekularer Ebene. Während jedes nach-menschliche Wesen dazu bestimmt ist, diese Stufe zu durchlaufen, werden jene, die genetisch darauf eingestellt sind, diese Rolle zu übernehmen, als Jungfrau II bezeichnet.

Stufe 20: Neurogenetische Intelligenz

Selektion, Unterscheidung, Steuerung, Entwicklung genetischer Signale.

Der neurogenetische Schaltkreis fängt wie die **DNS** zu denken an und erlernt das Vokabular der **RNS**. Er beginnt regen Anteil an der genetischen Intelligenz zu nehmen, die mit der gesamten Spanne der Spezies in Zusammenhang steht und das mehrere Milliarden Jahre alte Netzwerk des Lebens umschliesst.

Die larvale Intelligenz verfügt über keine Sprache, um damit die Komplexität und Vielfalt des **DNS**-Plans zu beschreiben, aber wir können das Erscheinen von genetischen Hexenmeistern voraussagen, von **DNS**-Ingenieuren, die fähig sind, das Alphabet der **DNS** zu begreifen und die Aminosäuren-Schrift – jenes im Vokabular von Guanin, Adenin, Cytosin und Thymin geschriebene Buch – zu entziffern, zu schreiben und neu zu verfassen.

Die Funktion der neurogenetischen Intelligenz besteht naturgemäss im Aufhalten des programmierten Alterungsprozesses.

Das Grundziel des Lebens ist die Unsterblichkeit. Intelligenz-Steigerung (neurale Überwachung) und Auswanderung ins All sind nichts als Hilfsmittel, um am Lebensverlängerungsvorgang teilzuhaben.

Unsterblichkeit wird durch die Überwachung der **DNS** erreicht. Stufe 20.

Die Kontrolle über den genetischen Code ist nötig, um **DNS-RNS**-Signale empfangen und um eine experimentelle persönliche Resonanz und Identifikation mit denselben erreichen zu können (Stufe 19).

Alan Harrington hat die äusserliche Seite des neurogenetischen Hexenmeisters dargestellt: »... Das Heil liegt im medizinischen Ingenieurwesen und nirgendwo sonst; ... das Los des Menschen hängt in erster Linie von der richtigen Handhabung seines technischen Wissens ab; ... unser Messias wird weisse Übermäntel tragen, nicht in Asylen, sondern in chemischen und biologischen Laboratorien.«[*]

Was Harringtons glänzende Analyse zu nennen versäumt, ist die Tatsache, dass die Genetik-Ingenieure der Stufe 20 als Grundinstrumentarium ihr eigenes, neurogenetischen Signalen gegenüber offenes und bewusstes Gehirn verwenden werden. Nur die **DNS**-Neuronen-Verkettung kann die Unsterblichkeit und eine symbiotische Verknüpfung mit anderen Spezies hervorbringen, wobei letztere jeweils unterschiedliche Buchstaben im genetischen Alphabet darstellen.

---

[*] Harrington, Alan, *The Immortalist*, New York 1969.

Stufe 20 Waage II
Neurogenetische Intelligenz

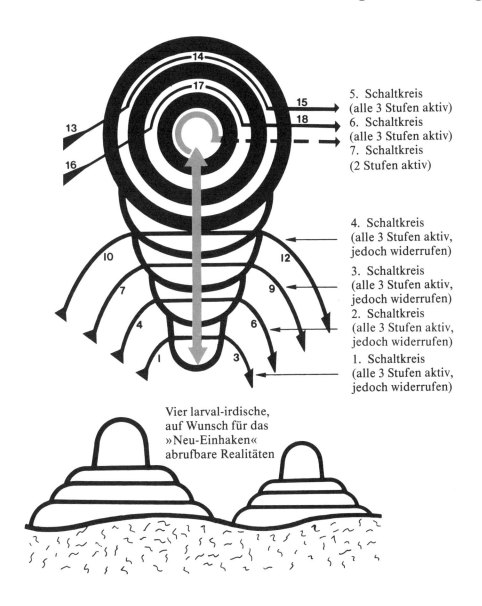

Stufe 20 wird aktiviert, wenn das siebte Gehirn neurogenetische Signale zu überwachen, integrieren und steuern sowie Chromosomen zu manipulieren lernt. Während jeder nach-irdische Mensch dazu bestimmt ist, diese Stufe zu durchlaufen, werden jene, deren genetische »Leitungen« darauf eingestellt sind, diese Rolle zu übernehmen, als Waage II bezeichnet.

Stufe 21: Neurogenetische Fusion

Neurogenetische Fusion: Kommunikation mit anderen genetischen Intelligenzen; Symbiose zwischen den Spezies. Das Sich-Verbinden von Organismen auf der **DNS**-Ebene der Energie.

Voraus-Gestaltung für die spätere Verschmelzung mit anderen Spezies – bewusst und planvoll.

Die Bildung interstellarer Speziesgruppen. Saatgut-Kooperation. Befruchtendes Gespräch zwischen Spezies-Intelligenzen.

Es ist offensichtlich: Sobald die neurogenetischen Hexenmeister der Stufe 20 im **DNS-RNS**-Gespräch bewandert sind, realisieren sie, dass das gesamte organische Leben ein vereinheitlichtes Sprachsystem darstellt.

Alan Harrington ist einer der ersten Nach-Einsteinschen Philosophen, die den Zweck des Lebens begriffen haben: »Der Mensch ... ist der **DNS**-Weg, sich selbst zu verstehen.« Die Menschheit spielt eine kritische, jedoch vorübergehende Rolle beim »Abschieben« allen Lebens von ihrem dem Untergang geweihten Mutterplaneten. Die Menschheit ist der **DNS**-Ingenieur, der für alle – vergangenen und zukünftigen – Spezies im Einsatz steht. Nach der Auswanderung ins All wird sich aus dem **Homo sapiens** eine unsterbliche, neurologisch bewanderte Spezies entwickeln.

Den Schlüssel zur höheren Intelligenz bildet die direkte **DNS-RNS**-Kommunikation zwischen den Spezies. Wenn die genetischen Ingenieure (Stufe 20) Gene mit denen anderer Spezies zu verschmelzen beginnen, wird sich die bewusst vollzogene Symbiose einstellen. Die bedeutungsvollste dieser genetischen Fusionen wird sich mit einer Spezies vollziehen, die weit fortgeschrittener ist als wir – d. h. mit unserem eigenen, in der Zukunft liegenden Selbst.

Stufe 21 Skorpion II
Neurogenetische Fusion
(Symbiose unter den Spezies)

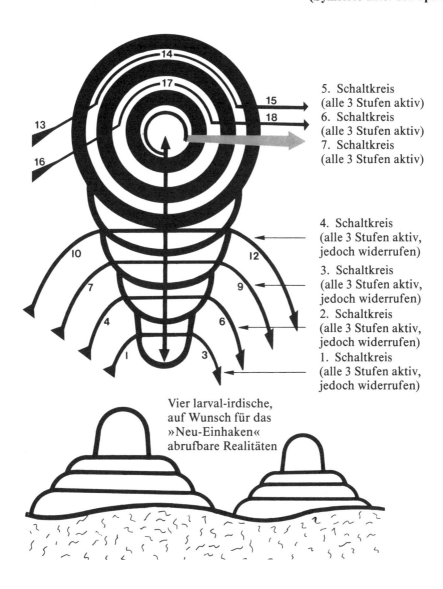

5. Schaltkreis
(alle 3 Stufen aktiv)
6. Schaltkreis
(alle 3 Stufen aktiv)
7. Schaltkreis
(alle 3 Stufen aktiv)

4. Schaltkreis
(alle 3 Stufen aktiv,
jedoch widerrufen)

3. Schaltkreis
(alle 3 Stufen aktiv,
jedoch widerrufen)

2. Schaltkreis
(alle 3 Stufen aktiv,
jedoch widerrufen)

1. Schaltkreis
(alle 3 Stufen aktiv,
jedoch widerrufen)

Vier larval-irdische,
auf Wunsch für das
»Neu-Einhaken«
abrufbare Realitäten

Stufe 21 wird aktiviert, wenn sich das siebte Gehirn mit anderen neurogenetischen Einheiten zusammenschliesst. Symbiose unter den Spezies. Kommunikation zwischen neurogenetischen Einheiten mit Hilfe von Aminosäure-Signalen. Während jeder Nach-Irdische dazu bestimmt ist, diese Stufe zu durchlaufen, werden jene, die genetisch darauf eingestellt sind, diese Rolle zu übernehmen, als Skorpion II bezeichnet.

Stufe 22: Metaphysiologische Empfänglichkeit

Der Leser ist sich bis anhin bewusst, dass die Exo-Psychologie eine Hierarchie der Bewusstseinsintelligenz voraussetzt, deren Einflussbereich die Ausmasse galaktischer Systeme annimmt.

Nach dem Rückgängigmachen irdischer Prägungen zentriert sich die menschliche Bewusstseinsintelligenz im Körper (Schaltkreis 5).

Die sechste Evolutions-Periode beginnt, wenn sich die Intelligenz vom Körper zurückzieht und das Nervensystem als elektromagnetischen Sender/Empfänger prägt.

Die siebte Evolutions-Periode nimmt ihren Anfang, wenn sich die Bewusstseinsintelligenz in der **RNS-DNS**-Struktur zentriert.

Die achte Evolutions-Periode beginnt, wenn sich das neurogenetische Bewusstsein anschliesst und von subatomarer quantenmechanischer Bewusstseinsintelligenz geprägt wird.

Der (scheinbare) Widerspruch löst sich auf und wird gegenstandslos, je mehr der Gesichtskreis der Energie in Zeit und Raum erweitert und je mehr das Gehirnzentrum verkleinert werden.

Der Körper wird vom Gehirn überwacht und geleitet.

Das Gehirn ist von genetischer Intelligenz entworfen, zusammengefügt und überwacht, welche im Zellkern den Programmplan für Milliarden Jahre der Evolution enthält.

Die logische Extrapolation dieses Prozesses besteht in der Verlegung des Generalplans ins Innere des Atomkerns, wo er Moleküle – inklusive **DNS** – entwirft und zusammenfügt.

Im Atomkern eine höhere Intelligenz zu lokalisieren ist teleologisch und spekulativ. Es handelt sich dabei um eine heuristische (auf eigenes Finden angelegte; A. d. Ü.) Antwort auf die letzte herausfordernde Frage, die – obgleich von allen übrigen vermieden – vom Philosophen nicht übergangen werden kann. Es ist sein Berufsrisiko, mit der folgenden, beharrlich gestellten Frage konfrontiert zu werden:

»Gut, du sagst, dass die genetische Intelligenz jene unsterbliche, unsichtbare Seele ist, die den Körper überlebt. Aber woher kommt die **DNS**?« oder,

»Gut, du behauptest, dass das Leben auf diesem Planeten von fortgeschrittenen Formen genetischer Intelligenz ausgesät worden ist. Wer hat die **DNS** hervorgebracht?«

Auf Grund des heute greifbaren wissenschaftlichen Beweismaterials stammt die beste Antwort auf die Frage nach dem Schöpfer der höheren Intelligenz aus den Grenzbereichen der Nuklearphysik und der Quantenmechanik. Die Basisenergien – die metaphysiologische Bewusstseinsintelligenz – sind möglicherweise im Innern des Atomkerns lokalisiert.

In den exo-psychologischen Handbüchern *The Periodic Table of Energy* und *The Game of Life* wird die Behauptung aufgestellt, dass das Periodensystem der Elemente ein Grund-Code sei, der die evolutionäre Bestimmung übermittle. Jedes chemische Element wird als Buchstabe in einem Basis-Alphabet der Energie betrachtet, mit dem die nukleare Bewusstseinsintelligenz das »Drehbuch« des Universums schreibt. Moleküle – inklusive die **DNS** – sind von höherer Intelligenz übermittelte Texte. Superneuronen innerhalb des universellen Nervensystems.

Spekulationen dieser Art sind »far out«, aber gewiss nicht weniger glaubhaft als die orthodoxen christlichen, islamischen, hebräischen, hinduistischen und buddhistischen Kosmologien. Und sie sind sicher weit glaubhafter als die zufälligen, aufs Geratewohl aufgestellten

---

*Der theologischen Fragen gegenüber aufgeschlossene Leser wird bemerken, dass die Exo-Psychologie in wissenschaftlicher Sprache abgefasst ist und in heuristischem Zusammenhang die klassische katholische Doktrin vertritt. Die Seele (**DNS**) erhebt sich zum Himmel (planetarische Auswanderung) und schliesst sich der Gemeinde von Heiligen an (vorhergehende **DNS**-Bewusstseinsintelligenz), um mit dem Schöpfer zu reden und sich mit ihm zu vereinigen.

statistischen Theorien materialistischer Wissenschaftler. Ehe SiEr neuroatomare Theorien automatisch von sich weist, wird der/die Leser(in) ersucht, eine logischere und heuristischere Kosmologie vorzuschlagen.*

Die höhere Intelligenz in Atomkernen zu lokalisieren, die sich über interstellare Raum/Zeit-Dimensionen hinaus verbinden und miteinander kommunizieren, ist ein äusserst praktischer und empirischer Entschluss – auf konservative Weise mit jenem Trend des Verkleinerns in Einklang –, der biologische Intelligenz auf so winzigem Raum wie dem Zellkern entdeckt.

Die neurogenetische Theorie lässt darauf schliessen, dass die nachlarvale Menschheit nach der Auswanderung von diesem Planeten lernen wird, **DNS-RNS**-Signale zu empfangen (19), zu integrieren (20) und weiterzuleiten (21). Auf diese Weise kommuniziert sie mit evolutionär weit fortgeschritteneren genetischen Gehirnen und geht mit ihnen eine symbiotische Verbindung ein. Von diesen älteren und weiseren Gehirnen wird die Menschheit möglicherweise lernen, wie das subatomare Alphabet zu entziffern ist und wie die von subatomaren Teilchen übertragenen Signale empfangen und erlebt werden.

Die Stufen neuroatomarer Bewusstseinsintelligenz (22, 23, 24) werden hier in personifizierter Form dargelegt, um die Erforschung zukünftiger Perioden menschlicher Evolution – und das Nachdenken über dieselben – anzuregen. Physiker studieren zurzeit den subatomaren Bereich, um jene Hochgeschwindigkeitsteilchen zu identifizieren, aus denen sich die Sprache der Energie zusammensetzt. Das von diesen Wissenschaftern benützte Instrument ist das mittels experimenteller »Hardware« (Linearbeschleuniger etc.) erweiterte und sensibilisierte menschliche Nervensystem. Die Exo-Psychologie versucht jene Begriffe zu schaffen, die den Atomphysikern die **Personifizierung** subatomarer Begebenheiten ermöglichen, damit letztere erfahren – d. h. erlebt – werden können.

Tiefgehendes Verständnis für naturbedingte Vorgänge stellt sich dann ein, wenn es den Wissenschaftern gelingt, sich erlebnismässig in natürliche Prozesse einzufühlen. Wir denken dabei an Kekulés Schlangen-Traum, der das Gerüst für die organische Chemie bildete. Dasselbe gilt für das von Physikern zur »Erfahrung« atomarer Vorgänge verwendete Billardkugelnmodell.

Eine der dramatischsten Begleiterscheinungen, die bei der direkten Erfahrung grundlegender Energieprozesses nützlich sind, stammt aus dem Leben von Albert Einstein; er bemühte sich offensichtlich nicht, sich in Symbolen des 3. Schaltkreises auszudrücken, d. h. er sprach nicht, ehe er das siebte Altersjahr erreicht hatte.

Wie dem auch sei – die Legende will wissen, dass dieser zerbrechliche, im Exil in der Schweiz lebende jüdische Junge viel Zeit darauf verwendet hätte, sich vorzustellen, wie sich ein Dasein als Photon gestalten würde.

Einsteins Fähigkeit, die Grundgleichungen der Energie zu definieren, wurzelt möglicherweise darin, dass er die eigentliche Bedeutung des Reisens mit Lichtgeschwindigkeit in seinem eigenen Körper und Gehirn erfahren hatte. Über diese Dinge ist seit Jahrhunderten von Mystikern und Yogis berichtet worden, welche sie nicht in mathematischer Form zu symbolisieren verstanden.

Jede Zelle unseres Körpers baut sich aus Atomen auf. Subatomare Vorgänge innerhalb jedes Atoms bestimmen den Grundprozess. Wir können somit sagen, dass unsere Körper und unsere Nervensysteme auf subatomaren Vorgängen beruhen.

Die achte Evolutions-Periode umfasst das Senden und Empfangen atomarer Signale mit Hilfe neurogenetischer Intelligenz. Dieser Verkehr ist zweifellos vorhanden. Wenn die nachmenschliche Bewusstseinsintelligenz mit dem Empfang subatomarer Botschaften beginnt, wird die Stufe 22 erreicht. Man erwartet, dass die Menschheit von höheren, nach dem Verlassen des Planeten kontaktierten Intelligenzen über den Empfang atomarer Signale instruiert werden wird.

Wir können darauf zählen, dass die empfangende Stufe (22) neuroatomaren Bewusstseins – so wie dies in Wirklichkeit für die anderen empfangenden Stufen (13, 16, 19) zutraf – hedonistische Forschung miteinbeziehen wird. Eine sofortige Folgerung ist somit der praxisbezogene Vorschlag, wonach sich Atomphysiker den von ihnen untersuchten Phänomenen nicht als manipulierende Wissenschafter nähern sollten – um Protonen mit Hoffnung auf einen Nobelpreis zu bombardieren –, sondern als erwachsene Menschen; bereit, die Kraft und die erregende Offenbarung einer neuen Energie zu erfahren. Eine bescheidene persönliche Haltung dieser Art wird sie auf die weit komplexeren Formen des Verstehens (Stufe 23) und auf die Fusion (Stufe 24) vorbereiten.

Stufe 22 Schütze II
Neuroatomare Empfänglichkeit: Metaphysiologisches Bewusstsein

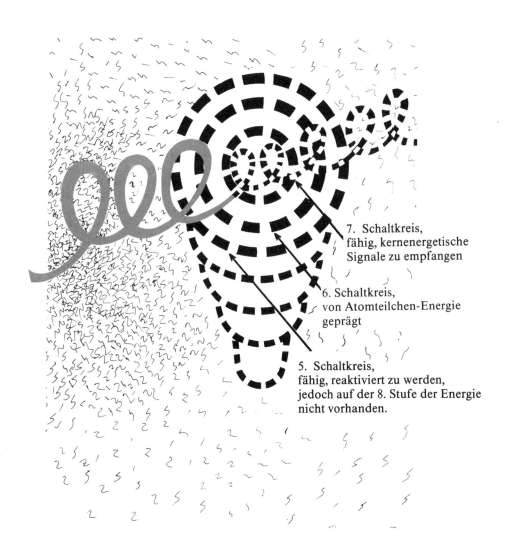

7. Schaltkreis, fähig, kernenergetische Signale zu empfangen

6. Schaltkreis, von Atomteilchen-Energie geprägt

5. Schaltkreis, fähig, reaktiviert zu werden, jedoch auf der 8. Stufe der Energie nicht vorhanden.

Stufe 22 wird aktiviert, wenn das neurogenetische Gehirn Atomkern-Signale zu empfangen beginnt. Stammesgeschichtlich ist diese Stufe metaphysiologischer Art und personifiziert sich als Schütze II.

Stufe 23: Neuroatomare Bewusstseinsintelligenz

Die vorherige Stufe setzt das Gehirn der hochenergetischen Sprache des Atomkerns aus. Metaphysiologische Bewusstseinsintelligenz ergänzt, gestaltet und ordnet Atomteilchen. Sie erschafft Atome.

Auf dieser Stufe stehen jene Basisenergien, welche die gesamte Struktur innerhalb des Universums in sich fassen, zur Handhabung bereit. Die metaphysiologische Bewusstseinsintelligenz bildet Atome, **DNS**-Ketten, Moleküle, Neuronen; indem sie Atomteilchen und Gravitations-Kraftfelder manipuliert und formt, entwirft und baut sie alle Arten der Materie.

An diesem Punkt der Evolution benötigt die Bewusstseinsintelligenz weiterhin keine Körper, Neuronen oder **DNS**-Projekte mehr. Möglicherweise ist das Universum ein Nervensystem – ein Bewusstseinsintelligenznetz –, in dem subatomare Strukturen als neurale Basissignale wirken. Die Raum/Zeit-Koordinaten des vereinigten Kräftefeldes sind vielleicht von einer völlig anderen Anordnung als jene des bioneuralen Systems – Zeitspannen von Milliardstel Sekunden simultan mit Milliarden Lichtjahren.

Die Atomphysiker sind im Begriff, ein Vokabular für subatomare Kernprozesse* zu entwickeln. Das Ermitteln der semantischen Bedeutung von Bewusstseinsintelligenzeinheiten wie Myonen, Leptonen, Bosonen, Hadronen, Jota-Psi-Teilchen, bildet den ersten Schritt zum Verständnis des metaphysiologischen »Gehirns«.

Diese Spekulationen mögen sich unrealistisch ausnehmen und geringschätzige Reaktionen »hartgesottener« Wissenschafter auslösen – für deren praktische Anwendbarkeit können jedoch zahlreiche Argumente vorgebracht werden. Das Denken eines jeden Atomphysikers ist von kosmologischen und theologischen Begriffen beeinflusst – wie vage und unbewusst diese auch immer sein mögen. Jedem Wissenschafter hat man in seiner Kindheit ein philosophisches System beigebracht, und diese frühen religiösen Gedanken üben eine tiefgreifende Wirkung auf die spätere Sicht der Natur aus – obwohl sie gewöhnlich stillschweigend impliziert sind. In der Tat bilden möglicherweise unbewusste, aus der Kindheit übernommene religiöse Vorstellungen für die Atomphysiker die Grunddirektiven und Grenzfaktoren beim Umgang mit ihren Daten. Nehmen wir an, dass man jene Wissenschafter, die heute die Mitgliedschaft der American Physical Society stellen, während ihrer Kindheit – vor dreissig Jahren – in den Sonntagsschulen regelmässig der interstellaren Neurogenetik-Theorie ausgesetzt hätte. Wäre dies der Fall gewesen, so hätten bereits die ersten Kolonisierungs-Sternenschiffe das Sonnensystem verlassen, und unser Verständnis für metaphysiologische Signale wäre sehr viel fortgeschrittener.

Das Unvermögen, zukünftige evolutionäre Möglichkeiten vorwegzunehmen, ist genetische Dummheit. Sämtliche Entwürfe im Hinblick auf kommende Mutationen sind – solange sie auf gegenwärtigen wissenschaftlichen Daten beruhen – besser als gar keine. Wir können die Zukunft nur finden, wenn wir nach ihr Ausschau halten.

Ebenso wichtig ist die Notwendigkeit, wissenschaftliche Grundlagen zu beleben und zu personifizieren. Alles, was wir über die Gesetze der Natur wissen, über atomare und subatomare Vorgänge, wird durch das Nervensystem übermittelt. Die gesamte Wissenschaft ist Neuro-Ökologie. Alle unsere Beobachtungen im Rahmen des Universums sind neurologische Ereignisse. Das Gehirn ist ein Aufzeichnungsgerät. Anstatt die Natur zu zwingen, sich dem dreidimensionalen Modell unseres L.M.-Symbolgeistes anzupassen, müssten wir unseren Nervensystemen die Möglichkeit verschaffen, von den unverformten Daten geprägt zu werden – lernen, Denkerfahrungen zu machen, wie **DNS**, wie Elektronen, wie subatomare Teilchen.

---

* (S.A.N.E.) Sub-Atomic Nuclear Events

»Die gesamte Physik der heutigen Mikrowelt ist Quantenphysik. Es gibt keine konkurrierende Theorie. Die Quantenmechanik glaubt, dass die Welt aus unvorhergesehenen, diskontinuierlichen Ereignissen besteht, die im wesentlichen statistisch dargestellt werden ... Die Quantenmechanik, eine Kollektivitäten-Theorie, sagt nichts über das Auftreten diskontinuierlicher Ereignisse aus, die sich zu Durchschnittswerten verbinden ... Es stimmt nicht ganz, dass sich die Quantenmechanik über diese grundlegenden Vorgänge ausschweigt. Es heisst, dass sie unvorhersagbar wären ... Hier sind die Ereignisse tatsächlich keinem Gesetz unterworfen – Quanten-Banditen –, und gerade dieser anarchistische Aspekt des Quantenbildes hat Einstein zu der Aussage provoziert, er könne nicht glauben, dass Gott mit dem Universum gewürfelt habe.

Gibt es eine Supertheorie, um diese Quantenvorgänge zu erklären und die Quantenphysiker aus ihren regierungsgeförderten »Spiellokalen« heraus zu den Belangen der »echten Mechanik« (Bewegungslehre) zurückzuholen? Theorien dieser Art werden als Theorien der verborgenen Variablen bezeichnet. Die Entdeckung, dass auf der Quantenstufe absolute Anarchie herrschte, war für die viktorianischen Physiker äusserst beunruhigend, hatten sie doch ihre Hoffnungen auf ein berechenbares Uhrwerk-Universum gesetzt. Dennoch, einige der intellektuell flexibleren Gelehrten unter ihnen fragten sich, ob diese tiefverwurzelte Ungewissheit nicht zu irgendeinem Vorteil umgeformt werden könnte. Könnte die neulich entdeckte Freiheit auf subatomarer Ebene nicht jener subjektiv erfahrenen Freiheit des Willens gleichgesetzt werden, die jeder von uns in sich trägt? Diese naheliegende Lösung des Geist/Körper-Problems ist aus verschiedenen Gründen von der Physikergemeinde beinahe einhellig abgelehnt worden. Selbst wenn einige kleine entscheidende Zusammenhänge im Gehirn seltsamerweise als von Quanten-Schwankungen abhängig erachtet werden, so entsprächen letztere lediglich einem Zufall.

Die blinde, zufällige Auswahl ist eine Antithese zur inneren Freiheit, die wir zu erfahren glauben. Die Zufallswahl ist das Gegenteil der Freiheit. Deshalb sprechen die Argumente in bezug auf das Bewusstsein gegen eine Theorie der verborgenen Variablen ... In diesem Klima beschloss E. H. Walker, mögliche Modelle zu erforschen, die den Eintritt des Geistes in die Welt der Materie – via eine durch grundlegende Subquanten-Unordnung bewirkte Öffnung – *aufzeigen. Als sein zentrales Postulat führt Walker die Behauptung an, dass jedes von quantenmechanischen Schwankungen beherrschte System bewusst sei ... Menschliche Wesen sind ein Beispiel für die teilweise direkte Verbindung von quantenschwankungsabhängigem Sein und Materie ... Walkers Theorie sieht zwei Welten vor –* die *physikalische* Welt der verschiedenen P *(d. h. materielle Variablen wie Energie, Länge, Zeit und Raum) und die* bewusste, verborgen-variable Welt der diversen B. *Zusammen bilden* P *und* B *das gesamte Universum des Seins. Träge Materie besteht aus den verschiedenen Formen des P; wir selbst sind im bewussten Zustand von* B-Leben *erfüllt – dem Leben des Geistes ... In gewissen netzartigen Regionen des zentralen Nervensystems sind für jeden präsynaptischen Depolarisationsimpuls nur einige wenige Transmitterbündel freigestellt. Und in diesem lose gekoppelten Teil des Gehirns nimmt der Geist die menschliche Form an.*

*Über unsere stets entwicklungsfähigen Verbindungen zur Welt der verborgenen Variablen (*B-Leben*) können wir an Prozessen teilhaben, die gewöhnliche physikalische Gesetzmässigkeiten zu verletzen scheinen. Einige unserer gemeinsamen »Beteiligungen« dieser Art weisen in der Welt der* P *das Erscheinungsbild parapsychologischer Phänomene auf ... Welche Art von Einheiten – ausser uns selbst – tummeln sich in den Subquantenwelten des* B-*Lebens? Handelt es sich hier um die legendäre »Summerland«-Welt dahingegangener Geister? Eine unsichtbare Theophanie zielstrebiger gottähnlicher Wesen mit einem Hofstaat von Engeln und Dämonen? Gedeihen da unter der Oberfläche des Phänomens komplexe, fremde Kulturen, die von der physikalischen Welt der verschiedenen* P *völlig unabhängig sind?*

Die ungewöhnliche, erste Annäherung an eine »Exobiologie« – fremde, subquantenbezogene Ausdrucksweise des Lebens – bedeutet, dass man die sogenannten physikalischen Phänomene nicht bloss als solche zu behandeln hat, sondern dass sie auch als Träger einer Bedeutung zu be-

trachten sind; letzteres geschieht auf ähnliche Weise bei biblischen Texten, wo mit Hilfe analoger und kabbalistischer Folgerungen geheime und okkulte Bedeutungen eruiert werden. Wir denken uns die physikalische Welt als eine breitangelegte, ununterbrochene »Botschaft« und versuchen uns für jene Dinge, die zum Ausdruck gebracht werden sollen, empfänglich zu machen. Aus dieser Schau stellt unsere gesamte physikalische Wissenschaft quantenmechanischer Mittelwerte bloss die »Schlagwort-Statistik« des verwickelten und eindrucksvollen Materien-Sammelsuriums dar. Es sind die individuellen Vorgänge – die einzelnen folgerichtigen Abläufe –, die in jenen Chor einstimmen, der allerorts zu erklingen beginnt.

Ein Teil jener erheblichen »Fremdartigkeit«, wie sie der Quantenstufe eigen ist, wurzelt in der recht neuen, auf J. S. Bells Lehrsatz aufgebauten Behauptung, wonach – als wesentlichste Aussage – im Falle von korrekten quantenmechanischen Resultaten die Subquantenwelt »nicht-örtlich« sein müsse. Sie wäre dabei eng über ein augenblickliches Netz von Beziehungen verbunden. Von diesem Gesichtspunkt aus sind zwei Teilchen, die sich einmal gegenseitig beeinflusst haben, auf der Subquantenebene für immer miteinander verbunden . . . Falls wir auf jemanden oder auf etwas eingewirkt haben, sind wir dann stets damit verbunden? Was hat der Bellsche Lehrsatz zur Psychometrie, zur gegenseitigen Durchdringung und zum »Aneinanderhaften« von Persönlichkeiten zu sagen? Sollten wir unsere Haar- und Nägelschnipsel vor dem magischen Missbrauch durch feindliche Zauberer bewahren? Wie können wir seltsame Verbindungen dieser Art experimentell begünstigen; was die relative Wirksamkeit von Handlesekunst, Massage und sexueller Verbindung in einer zunehmend Bell-haften gegenseitigen Verbundenheit? Wie sieht es mit dem Zusammensitzen in einer mit heissem Wasser gefüllten Wanne aus? Es ist denkbar, dass – aus ähnlichen Gründen, wie sie gegen eine Bewusstseins-Theorie der verborgenen Variablen vorgebracht werden – der erstaunliche Lehrsatz von Bell mit menschlichen Angelegenheiten überhaupt nichts zu tun hat . . . Das unerschütterliche Erwägen dessen, was uns der Bellsche Lehrsatz zur Isoliertheit zu sagen hat, mag als eine Art geistige Übung dazu beitragen, dem der Welt einzelner Wissenschafter zu einem ähnlich delokalisierten Zustand zu verhelfen. Für jene, die zum Verständnis dafür gelangen, kann der Bellsche Lehrsatz als kraftvolles Bild dienen, das uns daran erinnert, dass die Natur die Fähigkeit besitzt, unsere naiven Vorstellungen in bezug auf das, »was sein muss«, gelegentlich zu übersteigen.

Nick Herbert

Stufe 23 Steinbock II
Neuroatomare Intelligenz: Metaphysiologisch

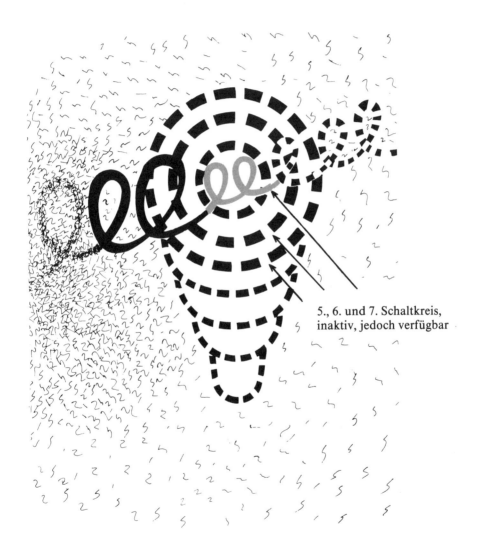

5., 6. und 7. Schaltkreis, inaktiv, jedoch verfügbar

Stufe 23 wird aktiviert, wenn das achte Gehirn Atomkernsignale zu integrieren und manipulieren beginnt. Stammesgeschichtlich ist diese Stufe metaphysiologisch, wobei sie durch Steinbock II personifiziert wird.

Stufe 24: Metaphysiologische Fusion

Wie wir bei den vorausgehenden sieben Schaltkreisen festgestellt haben, folgt der erforschenden Empfänglichkeit die integrierende Steuerung und anschliessend auf derselben Bewusstseinsintelligenzstufe die synergistische Fusion mit anderen Elementen.

Neuroatomare Fusion (Sternenlicht) bringt Kraftfelder von interstellarem Ausmass mit sich und schliesst ein vereinheitlichtes galaktisches Bewusstsein ein.

Es wird angenommen, dass die im Universum enthaltenen elektromagnetischen und subatomaren Kräftefelder Teil eines logisch zusammenhängenden und bewussten Netzwerks sind.

Jegliche eschatologische Diskussion über galaktische Fusion muss das Phänomen der Schwarzen Löcher miteinbeziehen; Sogbecken der Antimaterie.

Viele Astronomen glauben, dass in unserer Galaxis Millionen von Schwarzen Löchern vorhanden sind – ja, dass in der Tat das Zentrum unserer Galaxis ein Schwarzes Loch sein könnte.

Die äusserst grosse gravitationsbedingte Anziehungskraft der Schwarzen Löcher saugt die in der Umgebung vorhandene Materie ein. Schwarze Löcher – so wird angenommen – könnten die Antimaterie, das antienergetische Gegenstück zum positiven Universum sein.

Interessanterweise kommen nun zahlreiche Physiker zu der Schlussfolgerung, dass die im Kern befindlichen Elementarteilchen Schwarze Löcher sind – dass die »mächtige Kraft«, die den Atomkern zusammenhält, eine Art Superschwerkraft darstellt.

Falls diese Theorie zutrifft, vermitteln Schwarze Löcher die Endfusion; den Schlusswirbel, die Verbindung des allumfassenden Universums mit dem absoluten Nichts.

Stufe 24 Wassermann II
Neuroatomare Fusion

5., 6. und 7. Schaltkreis, fähig, von der Intelligenz des 8. Schaltkreises reaktiviert zu werden.

Stufe 24 wird aktiviert, wenn sich das achte Gehirn mit anderen neuroatomaren Intelligenzen verbindet. Stammesgeschichtlich wird diese Stufe neuroatomarer, auf Domestikation und Schwarze Löcher bezogene Fusion (?) als Wassermann II bezeichnet.

Ein galaktisches Abenteuer des 20. Jahrhunderts!

320 Seiten   DM/Fr. 29.80

SPHINX VERLAG BASEL

Neue Dimensionen

Robert Anton Wilson
COSMIC TRIGGER
Die letzten Geheimnisse der Illuminaten
Oder an den Grenzen
des erweiterten Bewusstseins
344 Seiten, illustriert,
broschiert, DM/Fr. 29.80

AUF INS ALL
Unsere Zukunft im Weltraum
Mit Beiträgen von rund 30 Autoren, u. a.
Buckminster Fuller, Gerard O'Neill,
Allen Hynek, Jacques Vallee, Stewart Brand,
Timothy Leary, Robert Anton Wilson.
384 Seiten, zahlr. Abb. und Zeichnungen,
broschiert, DM/Fr. 38.-

James J. Donahoe
DIE KUNST DES TRÄUMENS
Der Weg zur Entwicklung
paranormaler Fähigkeiten
140 Seiten, broschiert, DM/Fr. 19.80

SPHINX VERLAG BASEL

Verlangen Sie unsere Prospekte
in Ihrer Buchhandlung oder direkt beim
Sphinx Verlag, Postfach, CH 4003 Basel.